LE CHÔMAGE, FATALITÉ OU NÉCESSITÉ ?

Des mêmes auteurs

Pierre Cahuc, *La Théorie des négociations salariales, des fondements microéconomiques aux implications macroéconomiques*, Economica, 1991.

Pierre Cahuc, *La Nouvelle Microéconomie*, La Découverte, 1998.

Pierre Cahuc et Pierre Granier (éd.), *La Réduction du temps de travail, une solution pour l'emploi ?* Economica, 1997.

Pierre Cahuc et Michèle Debonneuil, *Productivité et emploi dans le tertiaire*, La Documentation française, 2004.

Pierre Cahuc et Francis Kramarz, *De la précarité à la mobilité ; vers une Sécurité sociale professionnelle*, La Documentation française, 2005.

Pierre Cahuc et André Zylberberg, *Économie du travail, la formation des salaires et les déterminants du chômage*, De Boeck, 1996.

Pierre Cahuc et André Zylberberg, *Le Marché du travail,* De Boeck, 2001.

Pierre Cahuc et André Zylberberg, *La Microéconomie du marché du travail*, La Découverte, 2003.

Pierre Cahuc et André Zylberberg, *Labor Economics,* MIT Press, 2004.

André Zylberberg, *L'Économie mathématique en France (1870-1914)*, Economica, 1990.

André Zylberberg, *L'Économie de partage : une solution pour l'emploi ?* Éditions du CNRS, 1989.

Pierre CAHUC et André ZYLBERBERG

LE CHÔMAGE,
FATALITÉ OU NÉCESSITÉ ?

Flammarion

Édition revue, 2005.

ISBN : 978-2-0808-0130-2

Préface

Le changement est au cœur du progrès économique. Les nouvelles techniques de production rendent obsolètes les techniques existantes, de nouveaux produits ne cessent de remplacer des produits plus anciens et de nouvelles firmes sont créées tandis que d'autres disparaissent. L'attention portée à ces questions remonte au moins à Joseph Schumpeter qui, dans les années 1930, décrivait la croissance économique comme un processus fondé sur la « destruction créatrice ». Mais l'importance exacte de ce processus pour les économies contemporaines n'a été mise au jour qu'au cours des vingt dernières années grâce à l'accumulation de nouvelles bases de données permettant de mieux connaître la vie des entreprises et l'importance des mouvements de main d'œuvre. Il est d'ailleurs probable qu'on se souviendra du livre de Pierre Cahuc et André Zylberberg en premier lieu parce qu'il a révélé un chiffre étonnant : en France, chaque jour ouvrable, environ 10 000 emplois sont détruits et 10 000 emplois sont créés.

Les fruits de ce processus de destruction créatrice sont des biens matériels et des services de moins en moins chers et dont la qualité s'améliore régulièrement. Il en résulte, *in fine*, une hausse constante du niveau de vie. Mais ces avantages considérables du point du vue du consommateur s'accompagnent d'une dégradation de la situation de certains travailleurs. Ceux qui perdent leur emploi tombent souvent dans une situation de chômage prolongée synonyme de détresse financière et psychologique. Même ceux qui parviennent à conserver leur poste de travail doivent faire face à une incertitude croissante de l'environnement économique et donc au risque de perdre leur emploi.

C'est là que réside un des principaux défis auxquels les économies modernes sont confrontées : comment peut-on promouvoir le changement et le progrès tout en limitant l'incertitude et les pertes individuelles ? Ce que les économistes traduisent dans leur jargon par : comment peut-on offrir assurance et sécurité sociale sans – trop – menacer l'efficacité du système ? Ce livre donne de bonnes raisons de penser que ce défi peut être relevé, en tout cas bien mieux relevé qu'il ne l'est actuellement en France. Il nous dit :

– Rebâtissons l'assurance chômage. Aujourd'hui, tous les chômeurs ont la même durée de perception de leurs indemnités, quel que soit l'état du marché du travail. Cette disposition se révèle à la fois inefficace et injuste. Elle est inefficace car il n'y a aucune raison que la collectivité continue de payer un de ses membres pour rester chômeur s'il y a des emplois qu'il pourrait occuper. Elle est injuste car, s'il n'y a véritablement aucun emploi que ce chômeur puisse occuper, arrêter de lui verser ses indemnités ne fait qu'ajouter l'affront au préjudice. La solution consiste à verser des indemnités généreuses mais conditionnées, d'une part, à une vraie recherche d'un emploi convenable et, d'autre part, à l'acceptation d'un tel emploi au cas où il a été trouvé.

– Faisons en sorte qu'il y ait des emplois pour les travailleurs peu qualifiés. Cela impose deux conditions. La première est d'abaisser le coût de ces travailleurs pour les entreprises. Dans ce but, diminuons les cotisations sociales sur les bas salaires. La seconde est de rendre financièrement plus attractifs les emplois offerts aux personnes peu qualifiées. Pour cela, instaurons un système d'impôts négatifs en faveur des travailleurs ayant de faibles salaires. N'essayons pas d'atteindre ces objectifs à l'aide d'un salaire minimum élevé. Le rôle du salaire minimum est d'éviter que les entreprises exploitent leurs employés de façon éhontée. Fixer le salaire minimum a un niveau (trop) élevé dans l'intention de redistribuer les richesses aboutit à détruire des emplois.

– Réformons la législation censée protéger les emplois. La protection des emplois est parfaitement légitime dans la mesure où les entreprises qui licencient reportent les coûts de leurs décisions sur la collectivité tout entière. En tout premier lieu, cela concerne les indemnités de chômage qui doivent être versées aux travailleurs ayant perdu leur emploi. Pour contraindre les entreprises à tenir compte des coûts sociaux induits par leurs décisions, imposons-les au prorata du total des indemnités versées à leurs employés licenciés tout au long de leur période de chômage. De la sorte, les entreprises seront confrontées à de bonnes « incitations », en particulier en matière de formation et d'aide à la recherche d'un emploi, puisqu'il sera alors dans leur intérêt que les épisodes de chômage soient les plus courts possibles. En même temps, limitons les prérogatives des procédures réglementaires et juridiques au cours desquelles les juges ré-examinent les décisions économiques des entreprises. Ces derniers n'ont tout simplement pas l'expertise pour le faire.

***

Cette liste de recommandations destinées à réduire le chômage n'est pas la première et, vraisemblablement, ne sera pas la dernière. Pourquoi celle-ci est-elle alors préférable ? La réponse est simple : cette liste ne propose rien qui ne s'appuie sur la masse considérable des travaux consacrés au chômage en Europe au cours des trente dernières années. C'est en cela que ce livre se distingue de tant d'autres qui l'ont précédé. François Mitterrand avait un jour affirmé que, en matière de chômage, on a « tout essayé ». Il avait tort sur le « tout », mais il n'en demeure pas moins que, à différentes époques et/ou dans différents pays, un grand nombre de choses ont été essayées. Ces expérimentations permettent de disposer d'ensembles de données chiffrées de plus en plus vastes sur le devenir des entreprises et de la main-d'œuvre placées dans des environnements différents. Nous autres économistes avons ainsi pu affiner nos résultats et nous sommes désormais capables de préciser quels sont les dispositifs qui marchent et ceux qui ne marchent pas. La grande force de ce livre est de transmettre honnêtement et clairement ces connaissances et de dire pourquoi il y a de bonnes raisons de penser que les réformes évoquées plus haut sont susceptibles de diminuer à la fois le niveau et le traumatisme du chômage.

Peut-on être assuré pour autant que ces réformes résoudront le problème du chômage en France ? Dans ce domaine, la modestie intellectuelle est de rigueur. Beaucoup de solutions ont été proposées, un grand nombre ont été mise en œuvre et, pourtant, le chômage est toujours très élevé en France. Il y a néanmoins de bonnes raisons d'être optimiste. De nombreux pays européens ont réussi à réduire leur niveau de sous-emploi. Certains y sont parvenus en abaissant le niveau de protection sociale. Plus en phase avec la France, d'autres, allant des Pays-Bas aux pays scandinaves, y sont parvenus en maintenant un niveau élevé de protection sociale et en adoptant l'ensemble ou une grand part des dispositifs préconisés dans ce livre. Le vieux cliché selon lequel l'Europe doit choisir entre son modèle actuel, mêlant protection sociale élevée et stagnation, et un modèle nord-américain favorable à la croissance mais offrant peu de sécurité sociale se révèle être en totale contradiction avec les connaissances accumulées.

Il convient cependant d'être réaliste, et je vois au moins deux raisons incitant à la prudence. En premier lieu, les Pays-Bas ou les pays scandinaves ont un système de relations professionnelles très différent de celui de la France. Il y a là-bas une longue tradition de coopération entre le monde du travail, celui des affaires et l'État. Le consensus sur la manière de faire fonctionner la machine économique y est plus grand et la confiance entre les partenaires sociaux y est également plus importante. Que la France puisse engranger quelques succès sur le front du chômage sans modifier son système de relations professionnelles demeure, pour moi, une question très largement ouverte. En second lieu, réduire le chômage nécessite certes des mesures du côté de l'offre, mais aussi du côté de la demande globale, afin de générer des emplois. Et dans ce domaine, la France a aussi quelques problèmes. Elle n'a plus le contrôle de sa politique monétaire, les marges de manœuvre de sa politique fiscale sont limitées et le moral des consommateurs est au plus bas.

Tout cela m'amène à conclure qu'une politique capable de réussir doit réunir trois éléments : des réformes du marché du travail, une amélioration des relations professionnelles et une vue claire, optimiste et convaincante de ce que l'avenir peut apporter à chacun. Ce livre fait un pas décisif dans cette direction. Je remercie Pierre Cahuc et André Zylberberg de l'avoir écrit.

Olivier Blanchard
Ars-en-Ré, août 2005

À Manon, Marie-Christine,
Arthur, Jeanne, Paul et Ana.

Introduction

La France souffre d'un chômage endémique depuis près de trois décennies. La méconnaissance de la nature profonde du marché du travail est, en partie, responsable de cette situation. Il faut reconnaître qu'il y a peu de temps que les chercheurs et les experts les mieux informés ont pris conscience que ce marché fonctionne de bien étrange manière, détruisant et créant, en même temps, un nombre considérable d'emplois. En France, chaque jour ouvrable, 10 000 emplois disparaissent et autant sont créés. Un tel processus est à l'œuvre, depuis longtemps, dans tous les pays industrialisés. Cette découverte a bouleversé de fond en comble la manière de penser le fonctionnement du marché du travail. Découverte supplémentaire : ce processus n'a pas grand-chose à voir avec la mondialisation. Il est intimement lié à la manière dont les économies de marché créent des richesses. Sans ce phénomène de « destruction créatrice » nous n'aurions tout simplement jamais connu la croissance [1]. Cette

1. Ces idées ne sont pas entièrement nouvelles. Dans sa *Théorie de l'évolution économique* publiée en 1934, Joseph Schumpeter avait souligné les liens entre la croissance économique et la réorganisation du système productif. Mais ce n'est que vers la fin des années 1980 que le développement de l'informatique a rendu possible l'exploitation de millions d'observations révélant l'ampleur du processus de destruction et de création d'emplois et ses liens avec la croissance.

dernière n'est pas une manne miraculeuse qui surgit seulement grâce à quelques inventions révolutionnaires, comme hier l'électricité et aujourd'hui les nouvelles technologies de l'information et de la communication. Les innovations jouent un rôle moteur. Mais elles ne peuvent être mises en œuvre et favoriser la croissance, dans tous les secteurs, dans tous les métiers, à chaque instant, sans ce processus incessant de créations et de destructions d'emplois. Ce processus apporte le progrès matériel, mais aussi le chômage et des inégalités criantes.

Pourtant, les débats sur les politiques à mener pour lutter contre le chômage et les inégalités sont très peu influencés par cette réalité. Ils reposent le plus souvent sur une conception erronée du marché du travail, où les emplois devraient être éternels, où chaque destruction d'un poste de travail serait un événement anormal, dramatique, qu'il faudrait éviter à tout prix. D'ailleurs, dans les périodes de montée du chômage, l'essentiel de l'actualité de l'emploi traite des « plans sociaux » alors que ceux-ci ne concernent que 0,5 % des personnes qui quittent leur emploi. Et les pouvoirs publics, soumis à cette pression constante, croient peut-être bien faire en se concentrant essentiellement sur cet aspect de la réalité. Cela ne veut évidemment pas dire qu'il faut se désintéresser du sort des personnes qui subissent les plans sociaux. Mais, en se focalisant sur une composante très marginale du marché du travail au lieu d'appréhender ce marché dans sa totalité, les pouvoirs publics prennent le risque de mettre en place des dispositifs inefficaces et injustes. Nous verrons que pour élaborer un système juste et efficace, il est indispensable de changer de mode de pensée. Il faut reconnaître le caractère incontournable, massif et – ce terme fera bondir – *utile*, non seulement des destructions d'emplois, mais aussi du chômage. Il faut cesser de traiter les destructions d'emplois comme des accidents et les chômeurs comme des victimes ou des coupables. Les destructions d'emplois sont indispensables à la croissance. Rechercher un emploi est une activité sociale utile qui doit être rémunérée en conséquence.

François Mitterrand avait fait sensation en déclarant, en 1993, qu'en matière de chômage « on avait tout essayé ». Il est vrai que les projets les plus divers ont vu le jour : hausse puis baisse des dépenses publiques, réduction de la durée du travail, utilisation massive des préretraites, augmentation du nombre de diplômés du baccalauréat, développement des travaux d'utilité collective, promotion des emplois jeunes, diminution des charges sociales des entreprises, etc. En fait, en matière de chômage, rien n'a été *sérieusement* essayé, car rien n'a été véritablement *évalué*. Chaque gouvernement arrive avec ses projets de réforme, les met en place avec plus ou moins de conviction, puis un autre gouvernement arrive. De nouvelles réformes sont alors introduites, en gardant le plus souvent une bonne partie des anciens dispositifs, sans très bien savoir ce qui marche. On assiste depuis trente ans à un va-et-vient de mesures sans aucune accumulation de connaissances quant à leurs effets. La France souffre, de ce point de vue, d'un véritable déficit démocratique : il n'existe aucune instance indépendante, dotée de moyens suffisants pour évaluer l'intervention des pouvoirs publics sur le marché du travail. À l'heure actuelle, l'évaluation des politiques de lutte contre le chômage relève, pour l'essentiel, du domaine de la « communication » gouvernementale.

Paradoxalement, ce déficit démocratique politise inutilement les positions. Manquant de connaissance accumulée, de faits précis, de réflexions étayées, le débat s'est progressivement polarisé entre, d'un côté, les partisans de la « flexibilité », hostiles à toute action des pouvoirs publics et, de l'autre, les partisans de l'intervention multidirectionnelle prônant, pêle-mêle, un salaire minimum élevé, l'interdiction de licencier, des allocations chômage et des minima sociaux généreux, toujours plus d'emploi public, le tout devant s'accompagner d'un déficit budgétaire important afin de relancer la demande. Les premiers raisonneraient principalement en termes d'efficacité, les seconds en termes de justice sociale et d'équité. Cette opposition manichéenne repose le plus souvent sur une ignorance des enseignements de l'analyse économique, qui ont été considérablement enrichis depuis quelques années, en particulier grâce à l'utilisation d'immenses bases de données.

Prenons l'exemple du salaire minimum. Nous verrons que la théorie prédit que sa hausse peut, dans certaines circonstances, accroître l'emploi, mais qu'elle peut aussi, dans d'autres circonstances, le réduire. L'appréciation des effets du salaire minimum est donc *in fine* un problème pratique – un problème « empirique » – qui peut être résolu ou, au moins, éclairé, par des procédures d'évaluation adaptées. De telles procédures existent. Elles sont basées sur des expérimentations ou des enquêtes contenant, selon les cas, des centaines, des milliers, voire des millions d'observations. Les méthodes permettant de traiter ces données ont atteint aujourd'hui un degré de fiabilité tel que leurs résultats sont infiniment plus représentatifs que ce que l'on peut apprendre à l'occasion d'une interview d'un chef d'entreprise, d'un syndicaliste, d'un enseignant, d'un homme politique, d'un gréviste ou d'un usager en colère. Notre compréhension des phénomènes sociaux est en effet profondément influencée par notre propre position dans la société. La connaissance des faits et leur exploitation statistique sont les meilleures armes contre l'autosuggestion et les discours démagogiques. La vérité se trouve beaucoup plus dans l'inhumaine sécheresse des chiffres et des courbes que dans les témoignages « *live* » entendus à la radio ou vus à la télévision.

Sans véritable connaissance des faits et sans évaluation objective indépendante, toute tentative de diagnostic du fonctionnement du marché du travail est assimilée à une prise de position politique. Ainsi, on est de gauche si on affirme que les hausses du salaire minimum sont favorables à l'emploi et on est de droite dans le cas contraire. Ces postures sont absurdes et, pire, confortent une forme de paresse intellectuelle. On peut rester de gauche, et vouloir conserver un salaire minimum élevé, tout en sachant que le coût du travail joue (souvent) contre l'emploi. Mais cela oblige, dans un premier temps, à accepter le réel – ce n'est pas le plus facile – pour ensuite imaginer des mesures susceptibles d'abaisser le coût du travail qui s'inscrivent aussi dans le réel. C'est peut-être encore moins facile.

Contrairement à une croyance trop partagée, l'analyse économique a fait beaucoup de progrès dans le domaine de l'emploi et du chômage. Le temps où il y avait autant d'opinions que d'économistes est révolu. Sur de très nombreuses questions, les connaissances sont assez bien établies et font, à l'échelle internationale, l'objet d'un large consensus. Elles sont pourtant encore largement méconnues. Ce livre a pour but de les présenter et d'en tirer des enseignements pour améliorer le fonctionnement du marché du travail. Les deux premiers chapitres dévoilent à la fois l'ampleur et la nécessité du processus de création et de destruction d'emplois. Ils mettent en lumière l'étonnante réactivité des marchés du travail qui fait que la plupart des pays industrialisés sont capables de détruire mais aussi de créer des masses considérables d'emplois en un laps de temps très court. Dans ce monde en perpétuelle transformation, le travail demandé par les entreprises n'est pas une donnée intangible qui peut se partager. Ainsi, la diminution du nombre d'actifs due au vieillissement de la population peut se solder par un accroissement – et non une baisse – du chômage, la réduction de la durée du travail peut aussi bien détruire que créer des emplois et, enfin, un afflux d'immigrants ne se traduit pas obligatoirement par une hausse du chômage.

La toile de fond étant posée, les chapitres 3 et 4 décortiquent la logique de la création d'emploi. Il apparaît que le salaire joue un rôle déterminant : il doit être suffisamment élevé pour que le travail soit valorisé, mais pas trop pour ne pas décourager les entreprises. Ce constat est illustré par un foisonnement d'études qui éclairent sous un jour nouveau le rôle du salaire minimum, l'impact des allégements de charges sur les bas salaires et les conséquences des politiques fiscales. Les chapitres 5 et 6 sont consacrés à la gestion des risques induits par l'ampleur considérable des mouvements d'emplois et de main-d'œuvre. Dans ce domaine, l'assurance chômage et la réglementation des licenciements ont un rôle essentiel à jouer. Pour être efficace et équitable, leur pilotage doit se fonder sur certaines règles, simples dans leurs principes. Les chapitres 5 et 6 montrent que ces règles sont peu appliquées en France, ce qui accroît la persistance du chômage et l'inefficacité du marché du travail. Enfin, les deux derniers chapitres traitent de l'éducation, de la formation et des politiques d'emploi. L'éducation pour tous, la formation tout au long de la vie et les emplois du secteur non-marchand font souvent office de remède miracle pour lutter contre le chômage. L'évaluation des politiques publiques contredit ces idées reçues. En matière de formation et de politiques d'emploi, l'enfer est, hélas, pavé de bonnes intentions.

Accepter ces connaissances n'oblige pas à faire allégeance à une quelconque « pensée unique » car, si les faits sont effectivement uniques, les politiques à mettre en œuvre sont diverses et elles ne nous offrent pas toutes le même avenir.

1

10 000 emplois détruits chaque jour

La loi des 15 %

En France, tous les ans, 2,3 millions d'emplois disparaissent. Ramenée à l'échelle quotidienne, l'ampleur du carnage est impressionnante : chaque jour ouvrable, la France perd 10 000 emplois ; 10 000 par jour, c'est l'emploi d'une ville comme Fécamp, c'est 7 par minute. À ce rythme, il n'y aura plus aucun emploi en France dans moins de sept ans ! Voilà des chiffres qui pourraient facilement convaincre n'importe qui, de bonne foi mais partiellement informé, de l'inéluctable fin du travail. Heureusement, ce point de vue oublie une moitié de l'histoire. La moitié omise est pourtant tout aussi intéressante. Elle se résume en une phrase : chaque jour, la France *crée* 10 000 emplois [1].

---

1. L'évaluation des créations et des destructions d'emplois soulève des problèmes délicats. La démarche habituelle consiste à utiliser un échantillon d'entreprises dont on observe les effectifs à deux dates bien précises (par exemple le 1er janvier et le 31 décembre, ce qui correspond à l'intervalle d'une année). Si, entre ces deux dates, une entreprise augmente ses effectifs, on comptabilise cette augmentation comme autant de créations d'emplois. À l'inverse, si entre ces deux dates, une entreprise diminue ses effectifs, cette diminution est comptabilisée comme autant de destructions d'emplois. Le taux de destruction est égal au

Tout compte fait, la vérité est beaucoup plus déconcertante que la banale fin du travail si souvent annoncée. Les créations et les destructions d'emplois sont gigantesques et, bon an mal an, parviennent à s'équilibrer. Ainsi, en 2002, en France, la croissance *nette* de l'emploi – mesurée par la différence entre les créations et les destructions – a été de 60 000 emplois, soit 0,4 % des effectifs. L'année 2002 n'est pas exceptionnelle. Elle reflète assez bien la situation moyenne du marché du travail depuis plusieurs décennies. Entre 1970 et 2000, l'économie française a détruit, chaque année, approximativement 15 % de ses postes de travail… et en a créé 15,5 %, de manière à assurer une croissance *nette* de l'emploi de 0,5 % par an. En 2000, année la plus faste depuis plus de cinquante ans en France, la croissance nette des effectifs n'a atteint que 2,5 %, ce qui est faible au regard des 15 % d'emplois détruits chaque année [1].

---

nombre total de destructions divisé par le stock moyen d'emplois de toutes les entreprises de l'échantillon sur la période. En utilisant cette méthode, on aboutit à un taux annuel de destruction de l'ordre de 10 % (voir l'article de Richard Duhautois, « Les réallocations d'emplois en France sont-elles en phase avec le cycle ? », *Économie et statistique*, n° 351, 2002). Cependant, cette méthode sous-estime les créations et les destructions d'emplois, car elle néglige les destructions et les créations résultant des variations brèves de l'activité. Elle néglige aussi les modifications de la structure des emplois au sein des entreprises, qui peuvent, par exemple, détruire des emplois d'ouvriers et créer des emplois de cadres tout en conservant un effectif constant. Les contributions ayant estimé ces créations et destructions d'emplois supplémentaires suggèrent qu'elles sont importantes. Leur prise en compte conduit à un taux de destruction annuel de l'ordre de 15 % (voir notre ouvrage *Le Marché du travail,* De Boeck, 2001). Il y a en France 15,5 millions d'emplois dans le secteur marchand non agricole, ce qui donne environ 2,3 millions d'emplois détruits chaque année, soit environ 10 000 emplois détruits par jour ouvrable (il y a 240 jours ouvrables par an). Il faut noter que ces chiffres sous-estiment le volume total des mouvements d'emploi puisqu'ils ne tiennent pas compte de l'agriculture et des secteurs associatifs et publics (comprenant 8 millions d'emplois) qui contribuent aussi aux créations et destructions d'emplois.

1. Christine Gonzalez-Demichel, Emmanuelle Nauze-Fichet et Sébastien Seguin, « Les performances du marché du travail au tournant du XXIe siècle », *Données sociales, 2000-2003,* Insee, 2002.

La prise de conscience de l'ampleur des créations et destructions d'emplois est récente. Les économistes ne disposent de données précises, couvrant des périodes suffisamment longues, que depuis la fin des années 1980. La présence *simultanée* d'un si grand nombre de destructions et de créations d'emplois les a surpris. Ils durent alors rendre hommage à un de leurs illustres prédécesseurs, l'Autrichien Joseph Schumpeter qui, ne possédant pourtant que des données éparses, avait compris, dès les années 1940, que ce processus qu'il baptisa de « destruction créatrice » était le principal moteur de la croissance, mais aussi une des principales causes du chômage [1]. Une autre surprise des chercheurs fut de découvrir que ces mouvements d'emplois étaient sensiblement identiques dans tous les pays industrialisés [2]. Pour s'en tenir à l'essentiel, il y a quelque pertinence à invoquer une « loi des 15 % » qui s'énoncerait de la manière suivante : *à l'échelle d'une nation, chaque année environ 15 % des emplois disparaissent et chaque année environ 15 % d'emplois nouveaux apparaissent.*

À la lumière de ce qui vient d'être dit, l'audience et la mansuétude accordées à quelques apôtres de la disparition inéluctable du travail ont de quoi surprendre. Lorsqu'en 1996 Viviane Forrester proclame, dans *L'Horreur économique,* que les termes de « créations d'emplois » sont une « formule que l'on sait vide, définitivement flétrie, mais qui n'en est pas moins incontournable, car cesser de mentir à ce propos pourrait vite signifier cesser d'y croire, avoir à se

---

1. Voir en particulier, le chapitre 7 de *Capitalisme, socialisme et démocratie* [1942], Payot, coll. « Petite Bibliothèque Payot », 1969.

2. La connaissance de ces phénomènes doit beaucoup aux travaux des universitaires américains Steven Davis et John Haltiwanger, voir en particulier leur contribution intitulée *« Gross Job Flows »* paru en 1999 dans le *Handbook of Labor Economics,* Elsevier Science. Pour la France, l'article de Richard Duhautois, « Les réallocations d'emplois en France sont-elles en phase avec le cycle ? », art. cit., brosse un panorama très complet du processus de créations et de destructions d'emplois dans ce pays.

réveiller pour se découvrir au sein d'un cauchemar qui n'appartient pas au domaine du sommeil, ni même du rêve éveillé [1] », elle ne considère à l'évidence que les destructions et oublie les créations. Jeremy Rifkin fait preuve du même aveuglement dans *La Fin du travail*, paru en 1995 aux États-Unis et qui fut un autre grand succès de librairie. Il écrit un livre de plus de 400 pages, étayées d'une multitude d'exemples d'entreprises détruisant des emplois, pour « démontrer » que l'heure de la fin du travail a sonné. Si la France détruit à elle seule 10 000 emplois par jour, il n'est pas difficile de raconter des dizaines d'histoires de faillites ou de compressions de personnel. Les économies industrialisées détruisent certes beaucoup d'emplois, mais elles en créent aussi beaucoup et, ironie de l'histoire, au cours des cinq années qui suivirent la parution de ces deux livres, les créations d'emplois dépassèrent sensiblement les destructions, non seulement aux États-Unis, ce qui est habituel, mais aussi en France. Toutes les données dont nous disposons n'apportent pas le moindre début de preuve à ces pseudo-théories catastrophistes. Comment expliquer alors l'audience et le succès de ces faux prophètes ? Il est probable que l'évocation de l'apocalypse frappe immédiatement et sans effort l'imagination. Face à cela, la présentation d'un bilan nuancé prend vite l'allure d'un pensum ennuyeux et, par nature, contestable. De plus, les destructions d'emplois sont souvent synonymes de drames personnels. La détresse et la colère peuvent être facilement instrumentalisées, tandis que les créations d'emplois sont le plus souvent diffuses et, en règle générale, il n'y a rien à montrer. Jouer sur les peurs millénaristes – et celle de la fin du travail en fait partie – aura toujours plus d'écho qu'une étude sérieuse, chiffrée qui aboutit à des conclusions peu spectaculaires et pas toujours tranchées.

En fait, nous ne sommes pas les témoins de la disparition du travail, mais bien de son incessante recomposition. Cette recomposition est massive. Nous verrons que la croissance

---

1. Dans *L'Horreur économique,* Fayard, 1996, p. 74.

repose, pour l'essentiel, sur elle. Mais elle crée aussi du chômage, des inégalités et de l'exclusion. Le processus de créations et de destructions d'emplois est donc au cœur des grands problèmes économiques et sociaux de notre temps. Il est encore largement méconnu. C'est sans doute pour cette raison que des discours les plus abracadabrantesques sur l'avenir du travail, le rôle de la mondialisation, les licenciements boursiers, la montée des inégalités, ou encore la paupérisation croissante, peuvent prospérer. Élaborer une régulation efficace et équitable du marché du travail nécessite de comprendre pourquoi ce processus de créations et de destructions d'emplois est indispensable.

Le « déversement » des emplois

Après avoir constaté que la masse des créations d'emplois équilibrait, bon an mal an, celle des destructions, les chercheurs attendaient que leurs investigations ultérieures confirment une intuition de bon sens, à savoir que les emplois détruits provenaient principalement des secteurs en déclin et que leur répondaient en contrepartie des emplois créés dans les secteurs en expansion. Une surprise supplémentaire fut de constater que ces mouvements de créations et de destructions avaient lieu de manière simultanée au sein d'un *même* secteur. Prenons l'exemple de l'industrie textile et de l'industrie pharmaceutique entre 1990 et 1996 en France. La première occupe la tête de la liste des secteurs en déclin, tandis que la seconde est un secteur « de pointe ». Dès lors qu'à l'échelle de la nation les créations d'emplois équilibrent à peu près les destructions, on attend qu'un secteur comme le textile détruise des emplois et que la pharmacie en crée. Le tableau ci-dessous nous apprend que la réalité est plus subtile.

Créations et destructions d'emplois dans le textile et dans la pharmacie (moyenne annuelle entre 1990 et 1996)

Secteur	Créations	Destructions	Croissance nette *
Textile	7,1 %	11,4 %	– 4,3 %
Pharmacie/parfumerie	7,3 %	6,2 %	+ 1,1 %

* La croissance nette représente la différence entre les créations et les destructions.
Source : Richard Duhautois, « Les réallocations d'emplois en France sont-elles en phase avec le cycle ? », art. cit., tableau 4.

Entre 1990 et 1996, le textile, en déclin, crée chaque année à peu près autant d'emplois que la pharmacie/parfumerie, en plein développement (respectivement 7,1 % et 7,3 %). Le textile est sur le déclin car, *chaque année,* il détruit sensiblement plus d'emplois qu'il n'en crée, tandis que la pharmacie/parfumerie est en expansion car, *tous les ans,* elle détruit un peu moins d'emplois qu'elle n'en crée. Mais jamais un secteur d'activité ne fait que créer, ou, à l'inverse, que détruire des emplois. Au contraire, tous les secteurs sont toujours en train de créer *et* de détruire beaucoup d'emplois. Le déclin est un phénomène cumulatif de longue période où chaque année les destructions d'emplois dépassent sensiblement les créations.

Autrement dit, un secteur en déclin perd bien ses emplois en faveur des secteurs en expansion, mais, pour reprendre la célèbre expression d'Alfred Sauvy, ce « déversement » se réalise lentement. Au cours d'une année, la très grande majorité des emplois détruits dans le secteur textile sont remplacés par des emplois dans… le secteur textile. Par exemple, dans le Nord-Pas-de-Calais, les usines spécialisées dans l'assemblage des textiles traditionnels ont réduit continuellement leurs effectifs au cours des deux dernières décennies. Mais, depuis le début des années 1990, l'assemblage des textiles « techniques » à base de fibres synthétiques et utilisés, entre autres, par le personnel médical, dans le bâtiment et dans la pratique de certains sports, a connu une croissance forte et régulière. Aujourd'hui, autour de Lille, s'est implantée une authentique « vallée » du textile technique qui compte plus de 150 sociétés. Une partie des emplois détruits par le textile traditionnel se sont déversés dans le textile technique. Il s'agit là encore d'une « loi » valable dans tous les pays industrialisés. Les études faites à ce jour indiquent que la plus grande part des mouvements croisés de destructions et de créations d'emplois – ce que les économistes nomment les *réallocations* d'emplois – n'ont pas lieu *entre* des secteurs *différents*, mais entre des établissements appartenant à un *même* secteur. Si l'on découpe le système productif français en 600 secteurs, les mouvements d'emplois entre secteurs représentent moins de 20 % du total des réallocations [1].

Destructions créatrices et croissance

Tout le monde se réjouit à l'annonce de créations d'emplois. En revanche, l'annonce d'un licenciement révulse et mortifie la plupart de nos concitoyens. Ils y voient le signe d'une défaillance des économies de marché. Pour certains, c'est même la preuve de l'échec du capitalisme. À la vue de ce que nous savons désormais sur l'ampleur des créations et des destructions d'emplois et sur la relative égalité entre ces deux mouvements, la défense du capitalisme devient encore plus délicate. Il faut maintenant que ses avocats nous expliquent pourquoi dans le même pays, dans le même secteur, voire dans le même sous-secteur, le capitalisme doit dévorer à peu près autant d'emplois qu'il en génère. Si dans un secteur particulier le nombre des créations d'emplois est approximativement égal à celui des destructions, ne serait-il pas possible de maintenir la plupart des personnes dans l'entreprise qui les emploie et d'éviter ainsi toutes les souffrances qui accompagnent les restructurations ? Cette question tourmentait déjà Joseph Schumpeter il y a plus de soixante ans et il avait avancé une réponse que les recherches récentes ont confirmé : *c'est un processus de*

1. Voir S. Davis et J. Haltiwanger, « *Gross Job Flows* », art. cit.

destruction créatrice qui est la cause principale de la croissance.

Pour parvenir à cette conclusion, il faut d'abord prendre conscience que les emplois sont soumis à de perpétuelles innovations, marginales ou révolutionnaires, ayant pour but ultime d'améliorer leur *productivité,* c'est-à-dire leur capacité de production [1]. Par exemple, l'introduction des codes-barres dispense les caissières de saisir manuellement les prix. En une heure de travail, une caissière peut, grâce aux codes-barres, faire défiler devant elle deux ou trois fois plus de caddies qu'auparavant. La productivité de la caissière a été ainsi multipliée par deux ou trois. Tous les secteurs de l'économie sont soumis en permanence à de grandes ou petites innovations et à des modifications de leur environnement.

Dans ce contexte, pour améliorer ou simplement maintenir leur rentabilité, les entreprises doivent sans cesse innover, en essayant de nouvelles méthodes de production et de gestion du personnel, ou en tentant de vendre de nouveaux produits. Certaines innovations sont fructueuses, d'autres échouent. Les entreprises ayant la capacité et la chance d'adopter les bonnes innovations prennent des parts de marché aux autres. C'est dans ces essais et ces erreurs que la croissance de la productivité trouve sa source et se solde par des réallocations d'emplois entre les entreprises, mais aussi au sein des entreprises. En ce sens, les destructions d'emplois sont bien l'expression d'une création de valeur supplémentaire : des emplois sont détruits dans une entreprise parce que d'autres, plus productifs, sont créés dans cette entreprise ou ailleurs. Telle est la logique du processus de destruction créatrice. Une autre manière d'énoncer la conclusion de Joseph Schumpeter revient à dire que nous serions collectivement beaucoup moins riches sans l'incessant mouvement de créa-

1. Plus exactement, dans une entreprise ou un secteur donnés, la productivité du travail est égale au rapport entre la production, généralement mesurée en euros, et le nombre d'unités de travail utilisées. On parle de productivité par tête si ces unités de travail sont des personnes, et de productivité horaire si ce sont des heures.

tions et de destructions d'emplois. La prospérité provient des réallocations d'emplois.

Disposant aujourd'hui de nombreuses données issues d'enquêtes couvrant de longues périodes, les études récentes montrent ainsi que les innovations améliorent la productivité principalement grâce au processus de destruction créatrice. Pour une part importante, ce processus a lieu au sein des entreprises existantes [1], mais c'est loin d'être toujours le cas. La conjugaison des réallocations d'emplois entre des entreprises *différentes*, l'apparition de *nouvelles* entreprises et les *disparitions* d'entreprises plus anciennes expliquent la moitié de la croissance de la productivité du secteur manufacturier nord-américain dans les années 1980 et 1990 [2]. Les chiffres sont encore plus frappants dans le secteur du commerce de détail. Depuis la fin des années 1980, celui-ci a connu une révolution liée au progrès de l'informatique. Cette révolution tient à l'usage des codes-barres, mais aussi à la transmission immédiate de tous les achats enregistrés aux caisses vers les services d'approvisionnement qui peuvent à leur tour ajuster très rapidement l'état des stocks. Aux États-Unis, sur la décennie 1987-1997, les réallocations entre entreprises comptent pour plus de 80 % de la croissance de la productivité du secteur. En d'autres termes, moins de 20 % de la croissance de la productivité du commerce de détail

---

1. Pour une étude portant sur dix pays de l'OCDE, voir Stefano Scarpetta, Phillip Hemmings, Thierry Tressel et Jaejon Woo, « The Role of Policy and Institution for Productivity and Firm Dynamics : Evidence from Micro and Industry Data », *Working Paper*, n° 329, 2002, OECD Economics Department. Disponible sur www.oecd.org/eco.

2. Voir Lucia Foster, John Haltiwanger, et C.-J. Krisan, « Aggregate Productivity Growth : Lessons from Microeconomic Evidence », dans E. Dean, M. Harper et C. Hulten (eds), *New Developments in Productivity Analysis,* University of Chicago Press, 2001. Cette étude montre aussi que dans le sous-secteur de la réparation automobile, la croissance de la productivité est entièrement due aux nouvelles firmes de ce sous-secteur et que, en moyenne, les anciennes firmes auraient eu tendance à faire *baisser* la productivité.

provienment des réorganisations au sein d'un *même* établissement [1].

La fragilité des entreprises

Les études que nous venons d'évoquer ne nous disent pas pourquoi les réorganisations des emplois au sein des établissements existants n'ont, dans certains secteurs, qu'une responsabilité modeste dans la croissance de la productivité. Ricardo Caballero et Mohamad Hammour [2] ont particulièrement étudié cette question. Leur principale conclusion est que le fonctionnement d'une entreprise a toujours un fort degré de *spécificité*. Chaque entreprise est une alchimie complexe, façonnée par le temps, de savoir-faire technique, d'imbrications de liens personnels ou collectifs pas toujours explicites, d'organisation du travail ayant ses règles et ses coutumes, de manière de prendre des décisions, etc. Cet amalgame est en grande partie propre à chaque entreprise et il ne fonctionne bien qu'au sein de cette entité particulière. Une entreprise ressemble plus à un système composé de liaisons *irréversibles* entre certains de ses éléments qu'à une collection d'individus indifférenciés et de machines que l'on pourrait remodeler à l'envi. Lorsque survient une innovation technologique ou lorsque les conditions de la concurrence se modifient, certaines entreprises ou certaines unités d'une même entreprise ne sont pas capables de s'y adapter, car le degré de spécificité des relations internes est trop fort. Elles disparaissent, en partie ou en totalité, et en même temps des

1. Voir Lucia Foster, John Haltiwanger, et C.-J Krisan, « The Link between Aggregate and Micro Productivity Growth : Evidence from Retail Trade », *NBER Working Paper*, n° 9120, août 2002. Disponible sur http://www.nber.org/papers/w9120.

2. En particulier dans leur article, « On the Timing and Efficiency of Creative Destruction », *Quarterly Journal of Economics*, vol. 111, p. 805-852.

entreprises ou des établissements mieux adaptés apparaissent.

Sur ce point, l'expérience du transport aérien est instructive. Les attentats du 11 septembre 2001 ont précipité la dégradation d'un secteur qui souffrait déjà beaucoup. La plupart des grandes compagnies ont réduit leurs flottes, d'autres – comme Swissair ou Sabena – ont simplement disparu. Pourtant, entre l'été 2001 et l'été 2002, les six plus grands transporteurs « à bas coûts » (Ryanair, Easyjet, Buzz, Virgin Express, Go et Bmibaby) ont, en moyenne, augmenté leur nombre de passagers de 48 %. Pour un économiste, une compagnie « à bas coûts » n'est rien d'autre qu'une compagnie traditionnelle *plus* quelques « innovations ». Ainsi, les compagnies « à bas coûts » ont accru le nombre de sièges par appareil, ne fournissent aucun service à bord, n'entretiennent pas de grands réseaux, possèdent souvent un seul type d'appareils, ont des structures administratives minimales, utilisent souvent de petits aéroports délaissés par les transporteurs traditionnels, etc. La somme de ces innovations aboutit à ce que la productivité du travail dans une compagnie « à bas coûts » dépasse nettement celle d'un transporteur traditionnel. Ainsi, en avril 2002, il y avait en moyenne 227 employés par appareil chez Air France, 254 chez British Airways, mais ces chiffres tombent à 76 chez Virgin Express, à 68 chez Easyjet et à 36 chez Ryanair. Les compagnies « à bas coûts » ont créé des emplois – chez elles et dans tout le secteur du transport aérien – tandis que les compagnies traditionnelles en ont détruits. Par exemple, en 2001, en Europe, 30 % des embauches de pilotes ont été réalisées par les transporteurs « à bas coûts » alors que ces derniers représentent, à cette date, à peine 11 % du trafic passager européen [1].

Le processus de destruction créatrice s'est réalisé au bénéfice des compagnies à « bas coûts » et au détriment des transporteurs traditionnels. Pourtant ces derniers ont tenté de réagir, en créant parfois leur propre filiale « à bas coûts »,

1. Toutes ces données se trouvent sur le site www.eca-cokpit.com.

mais avec un succès relatif. Les experts du secteur estiment d'ailleurs que les transporteurs traditionnels ne parviendront pas véritablement à concurrencer les compagnies « à bas coûts », car le degré de spécificité de l'organisation d'une compagnie traditionnelle est trop fort pour qu'elle devienne, ou donne naissance, à une compagnie « à bas coûts ». Comme le suggère avec humour Leo Mullin, le patron de Delta Airlines, la troisième compagnie américaine, « le bébé d'un dinosaure sera toujours un dinosaure [1] ». Au bout du compte, les compagnies à « bas coûts » auront fait considérablement progresser la productivité du secteur du transport aérien. Et, sauf nouvelle catastrophe, de plus en plus de gens prendront l'avion (car il devient en moyenne moins cher), de plus en plus de nouvelles lignes seront ouvertes (car des destinations non rentables avec les transporteurs traditionnels le deviennent avec les compagnies « à bas coûts ») et les emplois auront été redistribués au sein du secteur du transport aérien. Le processus de destruction créatrice aura accompli sa tâche.

L'exemple du transport aérien n'est pas isolé. Tous les pays de l'OCDE sont affectés par un fort taux de création et de disparition d'*entreprises*. Eric Bartelsman, Stefano Scarpetta et Fabiano Schivardi [2] ont constaté qu'environ 10 % des entreprises disparaissent en moyenne, chaque année, dans chaque pays de l'OCDE. Bien évidemment, comme pour les destructions d'emplois, les destructions d'entreprises sont généralement compensées par des créations : chaque année le nombre d'entreprises créées représente 10 % des entreprises existantes.

---

1. Ces propos et d'autres données se trouvent dans l'article « Les compagnies à bas prix déferlent sur l'Europe » paru dans le journal *Le Monde* du 12 décembre 2002.

2. « Comparative Analysis of Firm Demographics and Survival : Micro-level Evidence for the OECD Countries », document de recherche du département d'économie de l'OCDE, n° 348, 2003, disponible sur http://ideas.repec.org/p/oecd/oecdec/348.html.

Mouvements d'emplois et de main-d'œuvre

Le fait que l'efficacité de chaque entreprise soit le fruit d'une alchimie spécifique éclaire un autre phénomène surprenant : chaque jour ouvrable, alors que 10 000 emplois sont détruits en France, 30 000 personnes quittent leur emploi et… 30 000 en retrouvent. Ce constat reflète une tendance générale : dans les pays industrialisés, les réallocations de la main-d'œuvre sont de deux à trois fois plus importantes que les réallocations d'emplois. Cet écart provient d'abord des départs *volontaires* des salariés. En France, chaque jour ouvrable, 6 000 personnes démissionnent et 4 000 partent à la retraite. Ces départs n'occasionnent pas nécessairement des destructions d'emplois. Ils conduisent le plus souvent les employeurs à embaucher de nouvelles personnes. Les patrons ne sont donc pas les seuls responsables des rotations d'effectifs. Une part importante des réallocations de la main-d'œuvre résulte du libre arbitre des salariés. Le marché du travail est un des espaces où s'exprime la liberté de mouvement dans une société démocratique.

Mais c'est aussi l'extrême spécificité de chaque entreprise qui requiert une telle ampleur des mouvements de main-d'œuvre. En suivant 1 669 entreprises françaises entre 1987 et 1990 John Abowd, Patrick Corbel et Francis Kramarz ont mis en évidence l'importance et la racine de ce phénomène [1]. Ils montrent que la gestion de la main-d'œuvre est marquée par un nombre considérable d'embauches et de départs *simultanés.* En moyenne, une entreprise qui crée un emploi embauche trois personnes et se sépare de deux autres. Plus surprenant, ils ont aussi constaté que les entreprises qui détruisent des emplois continuent d'embaucher. En moyenne, la perte d'un poste de travail se traduit par deux embauches et trois départs. L'étude confirme bien que chaque embauche réussie est le fruit d'un processus d'essais

---

1. Voir leur article, « The Entry and Exit of Workers and the Growth of Employment », *Review* of *Economics and Statistics,* 81 (2), 1999, p. 170-187.

et d'erreurs, car chaque emploi a sa spécificité, qui dépend non seulement des tâches demandées, mais aussi du réseau de relations personnelles, de la culture de l'entreprise, de sa localisation et d'une multitude d'éléments qui peuvent convenir à certaines personnes et déplaire à d'autres. Tous ces éléments ne se découvrent pas en quelques instants. C'est en grande partie pour cette raison que les périodes d'essai et les embauches sous contrat à durée déterminée sont abondamment utilisées : aujourd'hui, 70 % des embauches se font sous forme de contrat à durée déterminée ; seulement un tiers d'entre elles sont transformées en emploi stable. La croissance est donc le fruit d'un processus joint de créations et de destructions d'emplois et de mouvements de main-d'œuvre. Ce processus joint est massif. Il reflète à la fois les choix des entreprises et la liberté de mouvement des travailleurs.

Faut-il du chômage ?

Les mouvements d'emplois et de main-d'œuvre transforment de nombreux travailleurs en chômeurs [1] devant rechercher un nouvel emploi. Cette activité de recherche est essentielle au bon fonctionnement de l'économie, car elle permet aux emplois détruits de donner naissance à des emplois nou-

---

1. Pour le Bureau international du travail, un chômeur est une personne en âge de travailler (15 ans ou plus), qui répond simultanément aux trois conditions : être sans emploi, c'est-à-dire ne pas avoir travaillé, ne serait-ce qu'une heure, durant une semaine de référence ; être disponible pour prendre un emploi dans un délai de deux semaines ; avoir entrepris des démarches spécifiques pour trouver un emploi au cours des quatre semaines précédant la semaine de référence. Les notions de « sans emploi », de « disponibilité » et de « démarches spécifiques » peuvent être interprétées de manière plus ou moins restrictive et aboutir à des statistiques de chômage différentes. Les problèmes concrets posés par ces interprétations et les procédures d'harmonisation internationale sont discutés en détail dans l'article d'Olivier Chardon et Dominique Goux, « La nouvelle définition européenne du chômage BIT », *Économie et statistique,* n° 362, juillet 2003, p. 67-83.

veaux, plus productifs. La recherche d'emploi, ou, en d'autres termes, le chômage, est donc un rouage indispensable du processus de destruction créatrice et de la croissance.

Cependant, alors que tous les pays industrialisés se ressemblent en termes de créations et de destructions d'emplois – tous les ans, environ 15 % d'emplois sont créés et 15 % d'emplois sont détruits –, ils divergent considérablement en termes de chômage. Par exemple, en 2001 (une excellente année), la France affiche un taux de chômage de 8,8 %, tandis que la Suède plafonne à 5,1 %, les États-Unis font mieux avec 4,8 % et les Pays-Bas encore mieux avec 2,7 %. Quand la situation se détériore, les écarts subsistent. Le taux de chômage des États-Unis peut atteindre 7 % et celui de la France 12 %. Comment expliquer la persistance d'écarts aussi importants ? De nombreux analystes incriminent les facteurs démographiques. Selon eux, il y aurait trop de personnes désireuses de travailler (des jeunes, des femmes, des immigrés) alors que le nombre d'emplois offerts stagne et que l'âge de la retraite recule. Nous verrons au chapitre suivant que cette thèse ne repose sur aucune base solide. Au contraire, ce sont les pays industrialisés où l'accroissement de la population active est le plus soutenu qui ont les taux de chômage les plus faibles.

Une explication souvent privilégiée consiste à mettre en cause l'atonie de la croissance. Selon ce point de vue, le chômage augmente car la croissance « n'est pas au rendez-vous », mais dès qu'elle sera de retour, le chômage ne manquera pas de baisser. Ce discours est, au mieux, une lapalissade. L'atonie de la croissance n'est pas la *cause* de la hausse du chômage, et le retour de la croissance n'est pas la *cause* de la décrue du chômage. En réalité, croissance et chômage sont déterminés *conjointement* par le processus de destructions et de créations d'emplois. Plus exactement, c'est la manière dont chaque pays gère ce processus qui fera que ce pays aura plus ou moins de croissance et plus ou moins de chômeurs. Si les pays diffèrent durablement en termes de croissance et de chômage, c'est que leurs marchés du travail sont organisés différemment. Le coût du travail, la protection sociale, la conception d'ensemble de l'assurance chômage et des services publics de l'emploi, les procédures d'embauche et de licenciement, les dépenses publiques pour l'emploi et le système de formation ne sont pas les mêmes. Les conséquences de ces différences ont fait l'objet d'un grand nombre d'études au cours de la dernière décennie. Ces études convergent vers une conclusion qui gagne chaque jour en robustesse : les écarts de taux de chômage observés entre pays de l'OCDE proviennent en grande partie de différences d'organisation des marchés du travail.

La mondialisation aggrave-t-elle le chômage ?

Pour beaucoup, la mondialisation serait la cause principale des destructions d'emplois. En outre, elle occasionnerait nettement plus de destructions que de créations d'emplois. Le raisonnement qui mène à cette conclusion est simple et, pour tout dire, assez convaincant. En substance, il peut se résumer de la façon suivante : les coûts de la main-d'œuvre non qualifiée étant très faibles dans les pays émergents, nous ne pouvons pas les concurrencer sur les marchés des produits dont la fabrication exige beaucoup de main-d'œuvre de ce type. Nous importons donc ces produits au lieu de les fabriquer nous-mêmes, ce qui provoque chez nous un grand nombre de destructions d'emplois non qualifiés. Certes, nous exportons vers les pays émergents des produits à forte valeur ajoutée, issus des technologies de pointe, mais leur fabrication nécessite peu de main-d'œuvre (qui doit être de plus très qualifiée) et beaucoup de machines et d'équipements (le capital). En d'autres termes, nos exportations seraient produites avec peu de travail tandis que nos importations seraient, au contraire, produites avec beaucoup de travail. Dans ce contexte, le solde en emplois dus aux échanges internationaux doit accuser un fort déséquilibre en notre défaveur.

En réalité, plusieurs raisons remettent en cause ce raisonnement et font ainsi douter de sa conclusion. En premier lieu, il n'est pas si sûr que les produits exportés se fabriquent à partir de beaucoup de capital et peu de main-d'œuvre. En 1955, Wassily Leontief [1] avait fait sensation en montrant, chiffres à l'appui, que les États-Unis exportaient des biens nettement plus intensifs en travail que les biens qu'ils importaient. Au point que la communauté des économistes invoquait alors le « paradoxe » de Leontief. Les investigations menées depuis cette date ont eu tendance à confirmer ce résultat mais en montrant que les exportations des pays développés étaient intensives plutôt en travail qualifié. En second lieu, le volume des échanges avec les pays émergents demeure très modeste. Ainsi, en 1999, pour les quinze pays de l'Union européenne, les importations de produits manufacturés en provenance des pays émergents ne représentaient que 7,8 % du total des importations de produits manufacturés (pour les produits de ce type, 62 % des importations de l'Union européenne proviennent de l'Union européenne). En définitive, la vision d'une mondialisation destructrice d'emplois apparaît moins solide que le raisonnement de départ le laissait supposer, et seules les études empiriques, qui abondent dans ce domaine, permettent d'y voir plus clair.

Pour apprécier les effets de la mondialisation sur l'emploi, une des méthodes les plus utilisées est celle de la « balance en emplois ». Son principe est simple. De nombreuses enquêtes nous renseignent régulièrement sur les liens entre le volume de la production et le volume de l'emploi dans tous les secteurs de l'économie. Ces mêmes sources nous renseignent aussi sur les volumes d'exportations et d'importations propres à chaque secteur. À partir de là, il devient possible d'estimer, dans chaque secteur, combien d'emplois sont « détruits » par les importations et combien d'emplois sont « créés » par les exportations. La différence entre les emplois créés par les exportations et les emplois détruits par les importations forme la « balance en emplois » du secteur. Si elle est négative, cela signifie que

1. Économiste américain d'origine russe, il obtint le prix Nobel d'économie en 1973.

les échanges internationaux ont détruit plus d'emplois qu'ils n'en ont créé pour le secteur en question. La conclusion s'inverse si la balance en emplois s'avère positive. Enfin, la somme des balances sectorielles forme la balance en emplois de la France.

Cet exercice a été réalisé par Stéphane Guimbert et François Lévy-Bruhl pour l'économie française entre 1978 et 1997 [1]. Ils trouvent que sur les douze premières années, c'est-à-dire entre 1978 et 1990, la balance en emplois de la France a été déficitaire de 450 000 unités, ce qui représente environ 3 % de l'emploi du secteur marchand hors agriculture. En d'autres termes, le commerce international aurait été responsable de la perte nette d'environ 40 000 emplois par an sur cette période ; et cette perte aurait touché aussi bien l'emploi qualifié que l'emploi non qualifié. De plus, tous les secteurs n'ont pas été logés à la même enseigne. Par exemple, sur les douze ans compris entre 1978 et 1990, le commerce international aurait coûté 541 000 emplois à l'industrie et 116 000 au textile, mais aurait permis de gagner 179 000 emplois dans le secteur agroalimentaire.

Le panorama change complètement sur la période 1990-1997. La balance en emplois devient *excédentaire* de 491 000 unités et, plus surprenant, tous les secteurs et toutes les catégories de main-d'œuvre – qualifiée et non qualifiée – bénéficient de cet excédent. Autrement dit, les échanges extérieurs ont *freiné* et non accéléré la baisse des emplois industriels. Encore plus surprenant, la balance en emplois du commerce extérieur du secteur textile a aussi été (faiblement) excédentaire de 2000 unités alors que ce secteur perdait 144 000 emplois sur la période. Là encore, le commerce international a plutôt freiné qu'accéléré la chute des emplois dans ce secteur. Vraisemblablement, la France s'est mieux adaptée à la mondialisation à partir du début des années 1990.

---

1. « La situation de l'emploi en France face aux échanges internationaux », *Économie et prévision,* n° 152-153, janvier-mars 2002, p. 189-206.

Une des grandes leçons de cette étude sur la France est que la mondialisation n'y occasionne pas systématiquement plus de pertes que de créations d'emplois, sur vingt ans elle apparaît plutôt neutre. De plus, ces résultats se rapportent à l'ensemble des pays avec lesquels la France entretient des relations commerciales. Dans cet ensemble, la part des échanges commerciaux avec les pays émergents est très réduite. Imputer au commerce avec ces derniers pays un rôle privilégié dans la dégradation de la situation de l'emploi ne résiste donc doublement pas à l'examen [1].

La Bourse ou l'emploi ?

Le 20 juin 2001, les députés Loridant, Autexier, Fischer et Muzeau déposaient devant l'Assemblée nationale une proposition de loi dont l'exposé des motifs débute ainsi : « En septembre 1999, les dirigeants du groupe Michelin annonçaient une hausse de 20 % du bénéfice semestriel du groupe ainsi que le licenciement de plus de 7 500 salariés. Dans la foulée l'action du producteur de pneumatiques enregistrait une hausse de 12 %. » La proposition prévoyait alors de

---

1. L'évaluation des conséquences du développement du commerce international sur le marché du travail a suscité de très nombreuses études qui adoptent diverses méthodologies, dont certaines diffèrent de l'approche en termes de balance en emplois. Celle-ci est en effet purement comptable et ne rend pas compte des changements de prix induits par le développement du commerce international. Notre ouvrage *Le Marché du travail*, *op. cit.*, propose une synthèse des diverses approches, dont la conclusion converge avec celle présentée ici. On peut aussi consulter l'article de Vincent Aussilloux et Marie-Laure Cheval, « Les investissements directs français à l'étranger et l'emploi en France », *Économie et prévision*, n° 152-153, p. 171-188, 2002, consacré aux délocalisations. Il montre que les investissements français à l'étranger, souvent dénoncés comme source de délocalisation des emplois, ont plutôt un impact positif sur l'emploi des maisons mères situées en France et favorisent les exportations. En ce sens, les délocalisations ont un impact positif sur l'emploi national.

pénaliser lourdement les entreprises qui réduisent leurs effectifs alors que leurs bénéfices sont positifs. Bref, il s'agissait d'empêcher les licenciements « boursiers ». Ce projet ne fut pas adopté, mais la loi de modernisation sociale votée le 17 janvier 2002 sous le gouvernement Jospin contenait un « amendement Michelin » imposant aux employeurs de négocier un accord de réduction du temps de travail avant de mettre en œuvre un plan social. Cet amendement fut suspendu à l'instigation du gouvernement Raffarin le 5 décembre 2002.

Cette thèse des licenciements boursiers, abondamment relayée par les médias, repose sur un argumentaire très simple. Pour prouver qu'une entreprise est bien gérée, il convient de sacrifier en période de bénéfice substantiel quelques centaines ou quelques milliers d'emplois. En procédant de la sorte, l'entreprise envoie un « signal » à l'attention des marchés financiers signifiant que son seul critère de gestion est la satisfaction maximale de ses actionnaires. Notons, au passage, que cette stratégie du signal serait encore plus forte si les entreprises étaient pénalisées financièrement lorsqu'elles réduisent leurs effectifs. Dans ces conditions, licencier en faisant des bénéfices et en étant de plus pénalisé devrait être interprété très favorablement par les marchés financiers. Il se trouve qu'au cours de la décennie passée cette théorie des licenciements boursiers a fait l'objet de plusieurs études très poussées – la plupart menées par des chercheurs américains car, aux États-Unis aussi, cette thèse jouit d'une certaine audience –, mais aucune de ces études ne parvient à la valider.

L'étude la plus complète est probablement celle de Henry Farber et Kevin Hallock de l'université de Princeton et de l'université de l'Illinois [1]. Ils ont répertorié toutes les annonces de réductions d'effectifs parues dans le *Wall Street*

---

1. « Have Employment Reductions Become Good News for Shareholders ? The Effect of Job Loss Announcements on Stock Prices, 1970-1997 », document de travail n° 417 de l'université de Princeton, section Relations industrielles, juin 1999.

Journal pour les sociétés cotées à la Bourse de New York entre 1970 et 1997, soit sur vingt-huit ans. Le nombre de ces annonces s'élève à 3 878 et concerne 1 176 entreprises. Les résultats de Farber et Hallock sont sans ambiguïté : en moyenne, le cours de l'action *baisse* à la suite d'une annonce de réduction d'effectifs. La baisse de la cote est certes faible, de l'ordre de 0,4 % après une réduction d'effectifs, mais il s'agit bien d'une baisse et non d'une hausse comme le voudrait la théorie des licenciements boursiers. Toutes les autres études sur le sujet aboutissent à la même conclusion, à la fois sur le sens – il s'agit d'une baisse et non d'une hausse – et sur la faible ampleur du phénomène – la baisse moyenne ne dépasse jamais 1 %. Ces résultats ne veulent pas dire que le cours de l'action d'une entreprise particulière ne monte jamais après une réduction d'effectifs. Ils veulent simplement dire qu'élever l'exemple de Michelin, ou de quelques autres grandes entreprises dont le cours boursier a progressé à la suite d'un plan social au statut de « loi économique », est une contre-vérité. En économie, comme ailleurs, une loi ne se conçoit que sur la base d'un très grand nombre d'observations. Elle exprime une tendance générale qui n'exclut évidemment pas une certaine diversité. En l'espèce, si loi il y a, celle-ci va à l'encontre de l'idée des licenciements boursiers : *en moyenne, la valeur de l'action d'une entreprise qui réduit ses effectifs baisse.* Cette constatation signifie simplement que les entreprises qui font appel à des procédures de licenciement collectif ont, en moyenne, de moins bonnes perspectives de profit que les autres.

Marché et inégalité

Les destructions d'emplois, observées dans tous les pays industrialisés, ne sont donc pas les fruits d'un capitalisme financier totalement déréglé et profitant seul de la mondialisation. Certes, il existe des destructions d'emplois liées au commerce international et à des mouvements de capitaux spéculatifs, mais leur ampleur est très faible comparée à celle de la recomposition de l'appareil productif due aux modifications de la demande et aux innovations technologiques. On ne répétera jamais assez que ce processus qui crée et détruit des millions d'emplois chaque année a un résultat essentiel : la croissance de la productivité ; c'est lui qui permet au plus grand nombre de disposer de plus en plus de biens et de services. Ce processus incessant de créations et de destructions des emplois forme la matrice principale des économies de marchés fondées sur la propriété privée des moyens de production (ce que l'on appelle communément le « capitalisme »). À cet égard, l'évolution des pays de l'ex-bloc communiste est frappante. Par exemple, l'Estonie a très brutalement libéralisé son économie à partir de la fin de l'année 1990. Disposant de données d'enquête couvrant les mouvements d'emplois et de main-d'œuvre depuis 1989, Davis Haltiwanger et Milan Vodopivec ont constaté que la transition vers l'économie de marché s'est accompagnée d'une montée rapide des destructions et des créations d'emplois. Ces dernières étaient *pratiquement nulles* en 1989, année où l'Estonie vivait encore à l'heure de la planification. En 1995, la libéralisation est en grande partie achevée et les taux de créations et de destructions d'emplois sont du même ordre qu'aux États-Unis ou en France [1]. L'étude du passage de l'économie planifiée de l'ex-URSS à l'économie de marché de la Russie actuelle aboutit à un constat similaire. Dans l'ex-URSS, il y avait peu de réallocations d'emplois et la croissance de la productivité était très faible. À partir de 1992, date à laquelle les entreprises ont dû s'adapter plus ou moins rapidement au fonctionnement d'une économie de marché, les réallocations d'emplois ont progressivement augmenté, pour devenir comparables à celles observées en Europe occidentale à partir de 1996. En outre, la croissance de la producti-

1. John Haltiwanger et Milan Vodopivec, « Gross Worker and Job Flows in a Transition Economy : an Analysis of Estonia », document de travail, université du Maryland, 2000.

vité devient importante après 1996 et elle est très fortement corrélée aux réallocations d'emplois [1].

Économie de marché et économie planifiée sont totalement différentes eu égard au processus de créations et de destructions d'emplois, car elles relèvent de deux logiques opposées. Une économie planifiée est guidée par les choix des autorités publiques, une économie de marché est guidée par des intérêts privés, en particulier par le profit. C'est la recherche du profit qui motive le mouvement perpétuel des innovations. Ces innovations font naître de nouveaux produits, de nouvelles firmes, de nouvelles industries et font disparaître les procédés anciens. En dernière analyse, c'est la recherche du profit qui est le moteur de la croissance [2]. Une économie de marchés libres est perpétuellement agitée par les tentatives des entreprises de s'approprier de nouveaux débouchés ; certaines de ces tentatives connaissent le succès – en général temporaire, la concurrence ne permet aucun repos –, d'autres échouent. Une économie de marché est un bouillonnement d'essais et d'erreurs, de succès et d'échecs, de créations et de destructions. Par essence, ce bouillonnement est *imprévisible*, et c'est pourquoi il n'existe pas – en tous les cas pas à la même échelle – dans une économie planifiée. Une économie de marché se caractérise par une incertitude *permanente* et, surtout, *inévitable*, car consubstantielle à la concurrence que se livrent les entrepreneurs dans leur recherche de profit. C'est le caractère imprévisible de l'économie de marché qui la rend insupportable à beaucoup, pour

1. David Brown et John Earl, « Job Reallocation and Productivity Growth under Alternative Economic Systems and Policies : Evidence from the Soviet Transition », *Working Paper*, n° 514, 2002, William Davidson Institute, université du Michigan. Disponible sur www.wdi.bus.umich.edu.

2. Ces mécanismes sont brillamment décrits par Joseph Schumpeter dans *Capitalisme, socialisme et démocratie, op. cit.* L'ouvrage de Philippe Aghion et Peter Howitt, *Endogenous Economic Growth,* MIT Press, 1998, présente les développements modernes de l'approche schumpétérienne auxquels ces deux auteurs ont largement contribué.

ne pas dire au plus grand nombre. Il est en effet difficile de percevoir que la croissance des richesses est indissociable de l'incertitude radicale qu'engendre l'économie de marché. Un progrès ininterrompu sans l'incertitude du lendemain serait préférable. L'économie de marché n'est pas capable d'offrir ces deux plats au même menu [1].

Il y a une autre faille majeure dans le fonctionnement des économies de marché. Leur efficacité est indissociable d'une répartition inégale des richesses [2]. Le mouvement permanent de créations et de destructions produit des gains pour la collectivité tout entière, mais ils ne sont pas forcément distribués selon les mérites et les responsabilités de chacun. L'ouvrière d'une usine du textile traditionnel qui perd son emploi du fait de la concurrence des pays à bas salaires n'en est pas responsable. Le chef de rayon de Marks et Spencer, qui voit disparaître le magasin dans lequel il travaille, n'est pas responsable du changement des goûts des consommateurs. Le processus de destruction créatrice produit *inévitablement* ce type d'aléas. L'industrialisation des pays occidentaux s'est faite dans d'atroces souffrances [3]. Aujourd'hui encore, des millions de personnes bénéficient peu de la crois-

---

1. Jean-Claude Michéa soutient de façon cohérente que l'idéologie « progressiste », commune à tous les partis ou mouvements se réclamant de la gauche, conduit inévitablement à accepter le libéralisme. Selon ce philosophe, une gauche « authentique » devrait d'abord remettre en question le dogme du progrès. Voir son livre *Impasse Adam Smith,* Sisyphe/Climat, 2002.

2. Une économie de marché non régulée peut connaître bien d'autres échecs, en particulier pour tout ce qui touche à l'environnement et au bien-être des générations futures. Le livre de Roger Guesnerie, *L'Économie de marché,* Flammarion, coll. « Dominos », 1996, dresse un bilan exhaustif des succès et des échecs de ce mode d'organisation des échanges. Roger Guesnerie est professeur au Collège de France.

3. Ces faits, bien connus, sont présentés dans les ouvrages d'histoire économique. Voir notamment Karl Polanyi, *La Grande Transformation. Aux origines politiques et économiques de notre temps,* Gallimard, coll. « Bibliothèque des sciences humaines », 1983, et Paul Bairoch, *Victoires et déboires,* Gallimard, coll. « Folio histoire », 3 tomes, 1997.

sance économique dans les pays les plus riches. À elle seule, la France compte plus d'un million d'allocataires du RMI dont une très grande majorité est exclue de fait du marché du travail. Intrinsèquement, le marché reste une formidable machine à créer des richesses, mais aussi à exclure. Ces deux phénomènes sont indissociables ; en suscitant la recherche du profit, le marché enrichit certains, mais appauvrit d'autres, souvent ceux qui sont déjà les plus pauvres au départ.

Liberté, efficacité, équité

L'efficacité des économies de marché à créer des richesses suffit-elle à compenser la production en parallèle d'inégalités et d'incertitudes individuelles et globales ? Certains le pensent, d'autres jugent indécente cette cohabitation de richesses, d'inégalités et d'incertitudes. La prise de conscience des échecs du marché a donné naissance à des méthodes d'organisation de la société reniant la propriété privée et le libre-échange, pour leur substituer la collectivisation des moyens de production et la planification. L'histoire récente nous enseigne cependant que le rejet absolu du marché peut conduire à des situations catastrophiques. Les systèmes de production fondés sur une planification centralisée de la production se sont avérés incapables de concilier le respect des libertés individuelles avec l'efficacité et l'équité.

L'échec des systèmes rejetant en bloc le marché nous apporte des enseignements précieux sur certaines de ses vertus, que l'on a trop souvent tendance à oublier. Amartya Sen, prix Nobel d'économie en 1998, le souligne avec force : il nous dit qu'on « a tendance à juger le marché sur ses résultats, c'est-à-dire à l'aune des revenus et des biens qu'il procure. Cet aspect mérite d'être considéré. Mais il existe un argument plus immédiat en faveur de la liberté du marché, il se résume, tout simplement, à l'importance de cette liberté elle-même. Nous avons de bonnes raisons d'acheter, de vendre, d'échanger, et de conduire notre vie sur un mode qui exige l'existence de transactions. Un déni de liberté sur ce terrain constituerait, en soi, un grave échec pour la société. Le caractère fondamental de cette liberté précède tout théorème vérifié ou non, visant à évaluer les résultats cumulatifs des marchés en termes de revenus, de services, de produits, etc. [1] ». Amartya Sen nous rappelle ainsi que la première marchandise produite par l'économie de marché est l'exercice de la liberté d'échanger des biens, y compris les fruits de son propre travail. La reconnaissance de cette vertu n'est pas nouvelle. On la trouve chez des penseurs aussi divers qu'Adam Smith, Alexis de Tocqueville, Karl Marx [2] et toute une lignée de socialistes [3]. Elle conduit à accepter, et même à défendre au besoin, le marché comme système d'organisation de la vie économique.

La reconnaissance des vertus du marché ne conduit pas nécessairement à un libéralisme caricatural et béat, reposant sur une défense exclusive du libre-échange et de la propriété privée et rejetant toute forme de régulation publique. Une telle philosophie libérale « naïve » ignore toutes les connaissances acquises sur les bienfaits et les échecs du marché. Il faut élaborer des institutions conduisant des individus, exerçant leur libre arbitre, à prendre des décisions efficaces et équitables. Le principe de l'exercice du libre arbitre impose que des réformes soient conçues en sachant que chaque

---

1. Amartya Sen, *Un nouveau modèle économique. Développement, justice, liberté*, Odile Jacob poche, 2003, p. 54.

2. La position de Marx sur la reconnaissance du marché comme vecteur de liberté reste néanmoins ambiguë : voir la discussion de Jon Elster, *Making sense of Marx,* Cambridge University Press, 1985, p. 204 *sq*.

3. Voir l'ouvrage édité par Monique Canto-Sperber et Nadia Urbinati, *Le Socialisme libéral. Une anthologie : Europe-États-Unis,* Esprit, 2003, qui présente des recueils de textes d'une tradition socialo-libérale, en France, en Allemagne, en Italie, au Royaume-Uni et aux États-Unis. Selon les auteurs, « l'ambition du socialisme libéral est de revenir au libéralisme comme méthode politique d'émancipation, et de montrer que le socialisme est dans son inspiration première une philosophie de la liberté ».

acteur de la vie économique prendra ses décisions selon des motifs qui lui sont propres (en général son intérêt personnel et celui de ses proches). Il s'agit alors de connaître le plus précisément possible comment se modifient les comportements lorsque l'environnement et les institutions évoluent. Tel est l'objet de la science économique, qui a fait beaucoup de progrès dans ce domaine au cours des vingt dernières années. C'est sur la base de cette exploration du « libéralisme réel » que nous espérons convaincre qu'il est possible d'améliorer l'emploi, de gérer l'incertitude, de diminuer l'inégalité, tout en respectant le libre arbitre de chacun [1].

---

1. L'école pragmatique en philosophie défend une telle position réformatrice. On peut consulter sur ce point la présentation de Jean-Pierre Cometti, « Le pragmatisme de Pierce à Rorty », dans Michel Meyer (dir.), *La Philosophie anglo-saxonne,* PUF, 1994, chap. 4, p. 387-491, et pour une présentation des débats récents, l'article de Daniel Brunson, « Richard Rorty, Philosopher of Liberalism ? Notes on the Political Viability of Pragmatism », présenté au colloque *« Pragmatism in the 21st Century »,* avril 2003, disponible sur http://www.newschool.edu/gf/phil/conf_spring03.htm. Voir aussi l'article de John Dewey, « The Future of Liberalism », *The Later Works, 1925-1953, vol. II : 1935-1937,* édité par Jo Ann Boydston, Carbondale et Edwardsville, Southern Illinois University Press, 1988, p. 269-299, traduit partiellement dans Monique Canto-Sperber et Nadia Urbaniti, *Le Socialisme libéral, op. cit.,* p. 283-288. John Dewey, l'un des principaux fondateurs de l'école pragmatique en philosophie, développe dans cet article une critique d'un libéralisme fondé sur la reconnaissance exclusive de la propriété privée et du libre-échange en soulignant son penchant théorique, aboutissant à une conception désincarnée de la société, et son incapacité à percevoir la relativité historique. Il défend une forme de libéralisme qui remet en cause le laisser-faire. Cette forme de libéralisme, fondée sur l'étude des conditions réelles existantes, cherche à améliorer les conditions de vie en conciliant la défense des libertés individuelles. Elle conduit aussi à mettre en avant le rôle fondamental de l'évaluation des politiques mises en œuvre, dont l'impact ne peut être connu *a priori*. Nous reviendrons sur ces thèmes tout au long de ce livre.

2

Le travail ne se partage pas

En 1962, environ 400 000 Français en âge de travailler furent rapatriés d'Algérie. Alfred Sauvy, spécialiste des questions de démographie, raconte l'angoisse qui saisit alors certains membres de la Commission des comptes de la nation. L'un d'eux avait en effet noté que le nombre d'emplois vacants enregistrés atteignait péniblement les 35 000. Il en avait conclu que le nombre de chômeurs s'accroîtrait inexorablement de la différence, soit 365 000 [1]. Dans les mois et les années qui suivirent, rien ne vint confirmer ces sinistres présages.

Le destin des rapatriés d'Algérie illustre un des enseignements majeurs de l'analyse économique que des études récentes, s'appuyant sur des enquêtes provenant de nombreuses régions du monde, n'ont fait que confirmer : dans une société suffisamment réactive, augmenter le nombre de bras n'a aucune raison d'augmenter le nombre de chômeurs. Curieusement, ceux qui reconnaissent le bien-fondé de cet

---

1. Alfred Sauvy fut nommé par le général de Gaulle secrétaire général à la Famille et à la Population en avril 1945 et dirigea l'Institut national d'études démographiques de 1945 à 1962. Dans *La Machine et le chômage*, Dunod, 1980, p. 226, il raconte aussi que l'arrivée de 20 000 réfugiés vietnamiens en France, en 1977, déclencha les mêmes fantasmes. L'Agence nationale pour l'emploi estima qu'il était inutile qu'ils entreprennent la moindre recherche d'emploi puisqu'il y avait déjà plus d'un million de chômeurs.

enseignement ont parfois du mal à admettre qu'il est vrai aussi dans l'autre sens : diminuer le nombre de bras n'a aucune raison de faire baisser durablement le nombre de chômeurs. Ainsi certains observateurs, pourtant avisés, prévoient que la France retournera au plein-emploi, et sera peut-être même confrontée à une pénurie de main-d'œuvre dans les dix ans à venir, à cause du départ en retraite des baby boomers : bientôt il n'y aura plus assez de travailleurs pour occuper les emplois disponibles [1] !

L'idée selon laquelle l'économie d'un pays, et *a fortiori* l'économie mondiale, contient un nombre *fixe* d'emplois ou d'heures de travail, devant être partagés d'une manière ou d'une autre, est fausse. Elle peut conduire à des conséquences inattendues lorsqu'elle légitime des politiques de réduction de la durée du travail. Elle est de plus nocive quand elle sert à justifier le retrait des mères de famille de la population active (grâce, par exemple en France, à l'allocation parentale d'éducation). Elle devient même dangereuse lorsqu'elle conduit à penser que chasser les bras « superflus » (hier les Juifs dans l'Allemagne nazie, aujourd'hui les immigrés dans de nombreux pays) redonnera du travail aux résidents autochtones.

La seconde moitié du XXe siècle a connu de nombreuses vagues migratoires provoquées par des événements politiques brutaux. Ces mouvements de population de grande ampleur, difficilement prévisibles, offrent l'occasion d'observer précisément les conséquences d'un apport massif et soudain de main-d'œuvre. En fait, de tels mouvements de main-d'œuvre peuvent

---

1. Par exemple, Jean Boissonnat, dans la présentation de son ouvrage intitulé *La Fin du chômage,* Calmann-Lévy, 2001, affirme : « La chute de la natalité et l'abaissement de l'âge de la retraite, conjugués à la reprise économique, sont en train de créer une situation nouvelle : pour la première fois, le nombre de personnes en âge de travailler cesse d'augmenter et à partir de 2010 va diminuer. Si la croissance se maintient, il est possible d'imaginer, bientôt en France, un taux de chômage autour de 5 % de la population active. Tous les discours de la classe politique sont à repenser à la lumière de ce fait incontestable. »

être interprétés comme des expériences « naturelles », où le laboratoire est la planète sur laquelle le chercheur observe les conséquences de déplacements soudains de la population. Ces diverses expériences dégagent un enseignement important : dans une économie suffisamment réactive, les variations de la taille de la population, si soudaines et si importantes soient-elles, ont un impact faible sur le chômage et les salaires.

L'exode de Mariel

Le 4 avril 1980, à la suite d'un conflit l'opposant au gouvernement péruvien, Fidel Castro ordonnait le retrait des gardes postés devant l'ambassade du Pérou à La Havane. Profitant du vide créé par ce retrait, près de 11 000 Cubains ont alors envahi cette ambassade et demandé l'asile politique. Des images d'une multitude d'hommes, de femmes et d'enfants, assoiffés et affamés, juchés jusque sur les arbres et les toits de l'ambassade, ont aussitôt fait le tour du monde. Après de pénibles négociations, sous une forte pression de la communauté internationale, le gouvernement cubain a accepté de laisser partir toutes les personnes réfugiées dans l'ambassade. Elles ont obtenu l'asile politique au Costa Rica, en Espagne, au Pérou et aux États-Unis. Pour contrer l'image négative créée par cet événement, Fidel Castro a annoncé le 20 avril, dans un discours demeuré célèbre [1], l'ouverture du port de Mariel afin que toute personne désirant quitter l'île de Cuba puisse le faire. Un véritable raz-de-marée humain suivit ce discours : près de 90 000 Cubains quittèrent leur pays pour les États-Unis dès le mois de mai [2]. On estime à plus de 125 000 le nombre de Cubains ayant émigré lorsque le port de Mariel fut de nouveau fermé, en septembre de la même année. La moitié de cette population s'était installée à Miami,

1. De nombreux discours de Fidel Castro, traduits en anglais, sont disponibles gratuitement sur le site http://lanic.utexas.edu.
2. Le site http://www.cuban-exile.com contient une riche documentation sur « l'exode de Mariel ».

y entraînant une hausse de 7 % de la population active. À l'échelle d'un pays comme la France, un chiffre de cette ampleur voudrait dire que la population active aurait brusquement augmenté de près de 2 millions de personnes. Face à un tel choc démographique, certains commentateurs auraient sûrement pronostiqué que la France allait bientôt compter 2 millions de chômeurs de plus. La suite de l'aventure des réfugiés cubains suggère qu'ils auraient sans doute eu tort.

Entre avril et juillet 1980, soit en l'espace de trois mois, le taux de chômage explose à Miami, passant de 5 % à 7,1 %. Cette flambée du chômage suscita les réactions que l'on imagine. Certains milieux accusèrent, pêle-mêle, les réfugiés cubains de prendre le travail des Américains les moins qualifiés et de favoriser la montée de l'insécurité [1]. À première vue, ces chiffres semblent donner raison à ceux qui pensent que le nombre des emplois est fixé par de (mystérieuses) limites qui, en tout état de cause, ne dépendent pas de la taille de la population active. Dans ces conditions, augmenter cette dernière ne peut qu'augmenter le volume du chômage. Une manière d'invalider ou de valider cette thèse – c'est même la seule manière – est de répondre à la question : que se serait-il passé à Miami si l'exode de Mariel n'avait pas eu lieu ?

Un économiste américain, David Card, s'est attaqué à ce problème [2]. Mais il n'est pas devin, il est seulement professeur à l'université de Berkeley. Comme n'importe qui d'autre, il est incapable de savoir ce qui se serait passé à Miami si l'exode de Mariel n'avait pas eu lieu, puisque dans la réalité, cet exode a bel et bien eu lieu. Les économistes sont très souvent confrontés à des problèmes de ce genre. Ils essayent de les

---

1. Fidel Castro avait eu l'habileté de mêler aux réfugiés des personnes ayant des antécédents psychiatriques ou criminels particulièrement lourds. Le taux de criminalité à Miami a crû de 50 % entre 1979 et 1980, et le 17 mai 1980 des émeutes liées à la présence des réfugiés se sont soldées par 13 morts. Plus de 2 700 réfugiés cubains furent rapatriés vers La Havane pour des motifs liés à leur passé criminel.

2. Voir son article « The Impact of the Mariel Boatlift on the Miami Labor Market », *Industrial and Labor Relations Review*, vol. 43, 1990, p. 245-257.

résoudre en comparant le contexte réel à une situation « témoin » – reproduisant le plus possible le contexte réel *sans* l'élément « perturbateur » dont on cherche à évaluer les effets. Dans le cas d'espèce, c'est l'exode de Mariel qui constitue l'élément perturbateur. David Card a eu l'idée de prendre comme témoins des villes des États-Unis dont les caractéristiques économiques et démographiques sont semblables à celles de Miami, mais qui ne furent pas touchées par la grande vague d'immigration cubaine de 1980. Il choisit Atlanta, Los Angeles, Houston et Tampa-Saint Petersburg. Ces quatre villes abritaient, comme Miami, d'importantes communautés noires et hispaniques et connurent des évolutions de l'emploi et du chômage similaires dans les années qui précédèrent l'exode de Mariel. Plus précisément, David Card a comparé les évolutions moyennes des salaires et du chômage des populations noire, hispanique et blanche dans ces cinq villes en tenant compte de leurs différences liées à l'éducation, l'expérience, le statut marital, le secteur d'activité et l'ampleur du travail à temps partiel. Ses principaux résultats [1] concernant la progression du chômage sont reproduits dans le tableau ci-dessous.

Les taux de chômage avant et après l'exode de Mariel

	Avant Mariel 1979	Après Mariel 1981	Différence Après-Avant
Blancs			
Miami	5,1 %	3,9 %	– 1,2
Villes témoins	4,4 %	4,3 %	– 0,1
Noirs			
Miami	8,3 %	9,6 %	1,3
Villes témoins	10,3 %	12,6 %	2,3

Source : David Card, « The Impact of the Mariel Boatlift on the Miami Labor Market », art. cit., tableau 6.

1. La pertinence des conclusions de David Card repose sur la qualité du choix des villes témoins (elles doivent être autant que possible similaires à Miami). Il subsistera donc toujours une marge d'incertitude. En économie, comme dans toute autre discipline scientifique, la vérité absolue n'existe pas.

En 1979, donc un an *avant* l'exode de Mariel, le taux de chômage de la population blanche de Miami atteignait 5,1 % ; en 1981, donc un an *après* l'exode de Mariel, il est descendu à 3,9 %. En d'autres termes, le taux de chômage de la population blanche de Miami a diminué de 1,2 point de pourcentage entre 1979 et 1981. Au cours de la même période, le taux de chômage de la population blanche des villes témoins a aussi diminué, mais seulement de 0,1 point de pourcentage. C'est la comparaison entre ces deux chiffres, 1,2 et 0,1, qui permet de dire que l'afflux de la main-d'œuvre cubaine à Miami n'a eu aucun effet négatif sur l'emploi au sein de la population blanche. Il n'a pas eu non plus d'effet négatif sur la population noire, qui était pourtant la plus exposée à la concurrence des nouveaux réfugiés. À Miami, le taux de chômage de la population noire a certes augmenté, de 1,3 point de pourcentage entre 1979 et 1981, mais dans l'intervalle, il s'accroissait de 2,3 points dans les villes témoins. Plus généralement, l'étude de David Card montre que les évolutions du marché du travail à Miami et dans les villes témoins se ressemblent beaucoup, bien après l'exode de Mariel. L'immigration cubaine n'a donc eu aucun effet significatif sur les salaires et l'emploi des personnes vivant à Miami. Ainsi, après une très forte poussée du chômage suivant immédiatement l'arrivée des nouveaux immigrés – rappelons que le taux de chômage à Miami passe de 5 % à 7,1 % entre avril et mai 1980 –, tout se passe comme si cette ville avait absorbé en l'espace d'un an un afflux exceptionnel de population étrangère.

Une objection vient assez vite à l'esprit. Ces conclusions ne seraient-elles pas dues à la fuite d'une proportion importante de la population résidente, partie chercher ailleurs d'autres emplois face à la déferlante cubaine ? David Card a vérifié que, dans les années qui suivirent le gonflement massif de la population de Miami en 1980, les opportunités d'emploi dans cette ville ne s'étaient pas sensiblement dégradées comparativement aux villes témoins. Si fuite de la population résidente il y eut, elle ne fut donc que de faible ampleur. La majorité des études portant sur les États-Unis et sur bien d'autres pays aboutissent à des conclusions analogues : l'afflux de migrants a un impact très faible sur les salaires, l'emploi et la mobilité des résidents [1]. Ces résultats peuvent surprendre, ils sont néanmoins incontournables. Voyons comment l'analyse économique parvient à les expliquer.

Population et chômage : y a-t-il un lien ?

Un raisonnement assez simple permet de comprendre le constat de David Card. Selon celle-ci, chaque travailleur est rémunéré – ou se rémunère s'il est indépendant – proportionnellement à sa capacité à produire des richesses ou, en d'autres termes, à sa productivité. Supposons que cette dernière dépende de ses caractéristiques personnelles (son niveau d'éducation, son expérience professionnelle, son âge, sa motivation, son intelligence, etc.) *et* des moyens mis à sa disposition (machines, bureaux, ordinateurs, infrastructures de transport et de communication, système de soin, etc.) [2]. Convenons d'appeler « capital » l'ensemble de ces moyens

---

1. Voir les articles de David Card et John DiNardo, « Do Immigrant Inflows Lead to Native Outflows ? », *American Economic Review, Papers and Proceedings*, vol. 90, 2000, p. 361-367, et de Pierre Cahuc et Denis Fougère, « Immigration, emplois et salaires », dans *Immigration, marché du travail, intégration,* rapport du Commissariat général du plan, présidé par François Héran, La Documentation française, 2002, p. 323-336.

2. Par souci de simplification, nous négligeons dans ce raisonnement le fait que la productivité d'un travailleur dépend potentiellement des capacités des autres travailleurs. Un raisonnement plus précis prendrait en compte les interactions entre les productivités des différentes catégories de travailleurs. Il faudrait alors tenir compte des possibilités de substitution entre les différents types de travail et le capital, ce qui nécessite de faire appel à la formalisation mathématique pour aboutir à des résultats clairs. Le lecteur intéressé peut consulter sur ce point l'article de Georges Borjas, « The Economic Analysis of Immigration », dans Orley Ashenfelter et David Card (eds), *Handbook of Labor Economics*, Elsevier Science Publisher, vol. 3A, 1999, chap. 28, p. 1697-1760.

et supposons que, lors de la venue d'un nouvel immigrant, le système économique soit suffisamment réactif pour rendre disponible très rapidement le capital nécessaire à la mise en valeur des facultés productives de ce nouvel arrivant [1]. Dans cette situation, l'emploi des résidents n'est pas modifié, il y a simplement une personne de plus au travail, en l'occurrence le nouvel immigrant. D'autre part, la rémunération de ce dernier ne peut dépasser sa productivité, sinon il n'aurait pas été embauché. Il en résulte que la richesse nationale que les résidents peuvent se partager n'a pas diminué. Elle a même augmenté de la différence entre la productivité et le salaire de l'immigré (au pire, cette différence est égale à zéro). Les résidents ont ainsi un « gâteau » au moins aussi important à se partager qu'avant la venue du nouvel immigré. Le revenu des résidents n'a donc aucune raison de se dégrader. Ce raisonnement simple permet de mettre en avant un résultat essentiel : si le capital nécessaire à la mise en valeur des capacités productives des nouveaux immigrants peut être rendu disponible très rapidement, l'arrivée de ces nouveaux immigrants n'a aucune influence sur l'emploi et le salaire des autochtones. Ce résultat s'applique à toutes les situations où la taille de la population active varie. L'immigration bien

---

1. C'est la différence de dotation en capital entre les différents pays du globe qui est la cause profonde de l'immigration pour motif économique. Les capacités propres à chaque individu sont évidemment les mêmes quel que soit l'endroit où il se trouve. Mais le volume du « capital » sur lequel s'exercent ces capacités est très différent. Les pays du Nord, richement dotés en moyens de production et en infrastructures collectives, peuvent offrir aux travailleurs les moins qualifiés des emplois nettement plus rémunérateurs que les pays du Sud. Ainsi, un travailleur chinois sans qualification peut multiplier son salaire par 50 en venant travailler en France. Sur le plan économique, les limites à l'accueil des immigrés sont liées à l'impossibilité d'accroître rapidement le volume du capital existant (surtout les infrastructures). Sur tous ces points, voir *Immigration, marché du travail, intégration, op. cit.*, et l'article de Richard Freeman et Remcom Oostendorp, « Wages around the World : Pay accross Occupations and Countries », *NBER Working Paper,* n° 8058, 2000, disponible sur www.nber.org.

sûr, mais aussi l'abaissement ou l'élévation de l'âge du départ à la retraite [1].

En réalité, le capital ne s'adapte pas instantanément. Il faut un certain temps pour que les moyens de production et les infrastructures puissent s'adapter à un afflux important et inattendu de main-d'œuvre. Une augmentation de la population active, qui entraîne une raréfaction du capital par tête, peut alors se traduire par une diminution de la productivité des résidents. Cette réduction de la productivité entraîne elle-même des baisses de salaire, ou du chômage si les salaires ne peuvent pas diminuer. La faculté qu'ont certains pays à pouvoir adapter rapidement leurs moyens de production et leurs infrastructures est donc la clef de l'intégration économique des immigrés. Dans cette perspective, les résultats obtenus par David Card et par les nombreuses études consacrées aux migrations aux États-Unis suggèrent que la faculté d'adaptation du capital est suffisamment forte dans ce pays pour que l'arrivée de nouveaux immigrés n'ait pas ou très peu d'influence sur les salaires et l'emploi des résidents. Dans le cas de l'exode de Mariel, les investissements se sont rapidement dirigés vers le secteur textile, localement très dynamique, et qui a rapidement absorbé une grande partie de la main-d'œuvre cubaine. Le textile s'était développé et implanté à Miami dans les années 1970 à la suite d'importants mouvements de population. L'immigration massive de 1980 est donc survenue dans un lieu où l'industrie dominante disposait du savoir-faire et des ressources lui permettant d'investir pour absorber rapidement la main-d'œuvre supplémentaire en grande quantité. Le faible impact exercé par l'exode de Mariel est lié à cette mobilisation rapide du capital nécessaire à la mise au travail de l'afflux de nou-

---

1. Sur les liens entre les départs à la retraite et le chômage, voir les articles de Manon Domingues Dos Santos, « Vieillissement démographique et chômage », *Revue française d'économie,* vol. 16, 2002, p. 3-50, et Loïc Cadiou, Julien Genet et Jean-Louis Guérin, « Évolutions démographiques et marché du travail : des liens complexes parfois contradictoires », *Économie et statistique,* n° 355-356, 2002, p. 139-156.

veaux immigrants. En l'absence d'une telle capacité à mobiliser rapidement le capital nécessaire, l'absorption des nouveaux immigrants aurait pris plus de temps, le gonflement de la population active se serait traduit par une diminution de la productivité des résidents pendant toute la période nécessaire à l'adaptation du stock de capital. Cette réduction de la productivité doit entraîner une baisse des salaires si ceux-ci sont flexibles, ou bien des destructions d'emplois et du chômage si les salaires ne peuvent diminuer. L'arrivée de nouveaux immigrants a donc un impact d'autant moins persistant sur l'emploi et les salaires des résidents que la faculté d'adaptation du capital est élevée. Cette condition est vérifiée aux États-Unis, mais dans les pays où elle ne l'est pas, un apport migratoire aura un effet dépressif sur le salaire et l'emploi des résidents qui durera tant que le capital nécessaire n'aura pas été mobilisé.

L'immigration en Europe

Les accords d'Évian, proclamant l'indépendance de l'Algérie, furent signés en mars 1962 et approuvés par référendum en avril de la même année. Près de 900 000 rapatriés affluèrent alors en France durant la seule année 1962, et choisirent de s'installer, pour une écrasante majorité d'entre eux, dans les départements du Sud. Nous avons rappelé, au début de ce chapitre, les prédictions cauchemardesques qu'inspirèrent cette exceptionnelle vague migratoire. En réalité, l'économie française l'absorba assez rapidement et sans préjudice majeur pour les travailleurs métropolitains.

Jennifer Hunt [1], professeur à l'université de Montréal, a évalué l'impact de l'immigration de 1962 sur les personnes résidant en métropole. Pour cela, elle a comparé l'évolution du chômage et des salaires dans les quatre-vingt-dix départe-

---

1. Jennifer Hunt, « The Impact of the 1962 Repatriates from Algeria on the French Labor Market », *Industrial and Labor Relations Review*, vol. 45, 1992, p. 556-572.

ments français métropolitains entre 1962 et 1967, année où les rapatriés d'Algérie représentaient 1,6 % de la population active. La difficulté de l'exercice provient de la grande diversité des activités économiques et des catégories socio-professionnelles selon les départements. Parmi les multiples facteurs susceptibles d'agir sur l'emploi, Jennifer Hunt s'est efforcée d'isoler ceux qui pouvaient être directement attribués à l'apport des travailleurs rapatriés d'Algérie en 1962. Elle a pu montrer que les départements ayant accueilli le plus de rapatriés ont des taux de chômage très peu différents des autres. Elle a calculé que l'arrivée de 10 travailleurs rapatriés en 1962 s'était traduite, en 1967, par 2 chômeurs de plus parmi les résidents. Elle a aussi calculé que le salaire moyen est au maximum de 1,3 % plus faible en 1967 par rapport à ce qu'il aurait été à cette même date si les rapatriés étaient restés en Algérie.

L'impact des rapatriés d'Algérie sur les salaires et l'emploi des résidents en métropole est donc limité, mais néanmoins plus important que celui observé aux États-Unis lors de l'exode de Mariel. Si l'on se fonde sur les calculs de Jennifer Hunt, un afflux de rapatriés proportionnellement aussi important pour la France que l'exode de Mariel le fut pour la ville de Miami aurait entraîné une réduction de 5,7 % des salaires et une augmentation du taux de chômage des résidents de 1,4 point de pourcentage entre 1962 et 1967, ce qui n'est pas négligeable. Le marché du travail nord-américain a incontestablement une capacité d'absorption de la main-d'œuvre plus importante que celle du marché du travail français. L'évolution de la population américaine en âge de travailler [1] durant les années 1990 en fournit une illustration frappante. Ainsi la population en âge de travailler a crû de plus de 10 % entre 1990 et 2000. À la fin de cette décennie, le taux de chômage américain était de 4,5 %, un taux extrêmement bas. Ce pays a été capable d'absorber un nombre important de nouveaux arrivants sur le marché du travail

1. La population en âge de travailler comprend les personnes qui ont entre 15 et 64 ans.

dans une période très courte. Notre situation est très différente : la population en âge de travailler a crû de 3,8 % entre 1990 et 2000. À la fin de cette période, le taux de chômage était deux fois plus élevé en France qu'aux États-Unis. Il est bien évident que ce n'est pas un afflux particulièrement important d'entrées sur le marché du travail qui a contribué à maintenir un taux de chômage plus élevé en France qu'aux États-Unis dans la période récente.

Les conflits de Bosnie et du Kosovo du début des années 1990 déclenchèrent aussi une importante vague d'immigration en direction de nombreux pays d'Europe. Par exemple, en Suisse, entre 1994 et 1997, les personnes issues de l'ex-Yougoslavie formaient le groupe le plus important parmi les travailleurs nés en dehors de l'Union européenne. Elles occupaient la deuxième place en Suède, après les Finnois. L'Autriche a accueilli 100 000 réfugiés bosniaques entre 1992 et 1995. Joshua Angrist et Adriana Kugler, professeurs d'économie respectivement au Massachusetts Institute of Technology et à l'université Pompeu Fabra à Barcelone, ont saisi l'opportunité de cet afflux rapide et important d'immigrés pour étudier l'effet d'un accroissement de la population active d'origine étrangère sur les différents pays d'accueil [1]. Ils ont rassemblé et analysé les données portant sur les mouvements de population au sein de dix-huit pays d'Europe. Ils trouvent, qu'en moyenne, un accroissement de 10 % de la part de la population étrangère dans la population active induit une baisse de l'emploi des résidents comprise entre 0,2 et 0,7 point de pourcentage. Une fois encore, il apparaît que l'impact de l'immigration sur l'emploi des résidents est globalement limité. Mais cette étude n'en reste pas à cette estimation moyenne. Elle a aussi pu montrer que l'impact de l'immigration n'est pas le même dans tous les pays d'accueil

1. Voir leur article « Productive or Counter Productive ? Labor Market Institutions and the Effect of Immigration on European Union Natives », *IZA Discussion Paper*, n° 433, 2002, disponible sur http://www.iza.org.

et qu'il dépend, en particulier, de la législation régissant les modalités de licenciement et les barrières à l'entrée sur les marchés des produits. L'impact de l'immigration sur l'emploi des résidents est d'autant plus négatif que les coûts de licenciements et les barrières à l'entrée sur les marchés des produits sont élevés.

L'analyse de l'impact des migrations sur le marché du travail contredit formellement l'idée selon laquelle le nombre des emplois serait une donnée, indépendante de la taille de la population en âge de travailler. C'est plutôt l'idée contraire qui se rapproche le mieux de la réalité : le nombre des emplois rejoint plus ou moins vite le nombre de personnes désirant travailler. Ce constat n'est pas étonnant au regard de la description du fonctionnement du marché du travail donnée dans le chapitre précédent, où il apparaît que l'emploi est le fruit d'une recomposition permanente et massive de l'appareil productif. Dans un contexte où des millions d'emplois sont créés et détruits chaque année, il serait surprenant que le nombre d'emplois soit une donnée intangible, indépendante des mouvements de population.

Fin ou montée du chômage à l'horizon 2010 ?

En France, la population en âge de travailler doit cesser de croître en 2005 et diminuer à partir de 2010. Les enseignements retirés de l'examen des mouvements migratoires éclairent les conséquences d'un tel phénomène : il n'y a aucune raison d'observer une baisse du chômage liée à la diminution de la population en âge de travailler. Comme cette diminution doit être lente et régulière [1], il y a peu de chances que la baisse du nombre de nouveaux arrivants sur

---

1. Sur ce point, voir l'article d'Emmanuelle Nauze-Fichet, « Projections de population active en 2050 : l'essoufflement de la croissance des ressources en main-d'œuvre », *Économie et statistique*, n° 355-356, 2002, p. 73-104.

le marché du travail se traduise par une réduction, ne serait-ce que transitoire, du chômage.

Il n'y a donc pas à attendre, sur ce front, un mouvement de fond qui viendrait améliorer les performances du marché du travail. Bien au contraire, les évolutions démographiques auxquelles nous sommes confrontés vont vraisemblablement accroître les transferts sociaux et risquer ainsi de fragiliser l'emploi. La diminution de la population active a en effet comme contrepartie un accroissement du nombre de retraités par personne en âge de travailler, dont les projections démographiques indiquent qu'il doit passer de 0,46 en 2002 à 0,92 en 2050 à âge de départ à la retraite et flux migratoires inchangés [1]. Ce changement phénoménal résulte d'un double mouvement : le départ à la retraite des baby boomers nés dans les années 1950 et 1960 et l'allongement de la durée de vie, qui augmente mécaniquement la durée de la période de retraite. Cette augmentation du nombre de retraités par personne en âge de travailler implique que la part du coût des retraites dans le PIB va augmenter, pour passer de 12 % aujourd'hui à 14 % en 2020 et 16 % en 2040 si l'on veut assurer des taux de remplacement équivalents à ceux atteints aujourd'hui. Il faut donc trouver un moyen d'allouer 4 points supplémentaires du PIB aux retraites d'ici 2040. Les réformes mises en œuvre au printemps 2003 par le gouvernement Raffarin ne règlent qu'une partie de ce problème puisqu'elles permettent de financer environ un tiers des dépenses supplémentaires induites par le vieillissement de la population, soit un peut plus de 1,5 point de PIB. Il reste donc encore plus de 2,5 points de PIB à financer. On peut les financer soit en augmentant les cotisations, soit en allongeant la durée de cotisation. Il faudrait allonger de six années supplémentaires la durée des cotisations de tous les salariés pour financer totalement les points de PIB manquants. On peut douter qu'un tel scénario soit envisageable. Par conséquent, l'alourdissement des prélèvements sociaux nécessaires au paiement des retraites risque d'accroître le coût du travail et

1. Voir *ibid.*

peut s'avérer défavorable à l'emploi, notamment l'emploi peu qualifié qui est le plus sensible au coût du travail. Ainsi, la diminution de la population en âge de travailler, loin de conduire à un hypothétique retour au plein-emploi, a au contraire tendance à amplifier les problèmes auxquels est confronté le marché du travail.

La réduction du temps de travail et l'emploi

Avant la Révolution française, les corporations ouvrières imposaient des règles aménageant de longues périodes durant lesquelles le travail salarié était proscrit : absence le dimanche et le lundi suivant la paie, nombreuses pauses quotidiennes, travail à temps partiel durant les récoltes, restriction du travail des enfants, etc. Il y avait ainsi 164 jours par an chômés en France au XVIIe siècle. Les lois d'Allarde et Le Chapelier, votées en 1791, ont supprimé les corporations et permis aux employeurs de fixer la durée du travail. Le temps de présence des ouvriers sur leur lieu de travail a alors augmenté considérablement pour atteindre 4 500 heures par an au début du XIXe siècle, alors que les agriculteurs travaillaient entre 1800 et 2000 heures par an deux siècles auparavant [1]. Dans un tel contexte, la réduction du temps de travail est devenue l'enjeu de luttes sociales récurrentes. Les progrès furent lents, parfois même freinés par des retours en arrière. Ainsi, la journée de repos hebdomadaire, qui avait été instituée par une loi de 1814, fut supprimée par voie légale en 1880. Elle avait de nombreux adversaires, inquiets des conséquences néfastes de l'oisiveté des ouvriers, de la baisse de la production et de la fermeture des pâtisseries le dimanche [2]. La journée de repos hebdomadaire n'a été défi-

1. Voir Paul Bairoch, *Victoires et déboires. Histoire économique et sociale du monde du XVIe siècle à nos jours*, Gallimard, coll. « Folio histoire », 1997.
2. Voir le bel ouvrage édité par Alain Corbin, *L'Avènement des loisirs,* Aubier, 1995.

nitivement acquise qu'en 1906. La journée de huit heures et la semaine de 48 heures, tempérées par de nombreuses dérogations, sont imposées en 1919, tandis que les 40 heures hebdomadaires et les deux semaines de congés payés datent de 1936. Les troisième, quatrième et cinquième semaines de congés payés sont instaurées en 1956, 1963 et 1982. La durée hebdomadaire légale du travail passe à 39 heures en 1982 et, enfin, à 35 heures en 2000 pour les entreprises de plus de 20 salariés (en 2002 pour les entreprises de moins de 20 salariés).

Historiquement, la volonté de réduire le temps de travail avait pour principal objectif de rendre plus acceptable la condition ouvrière. Il se doublait parfois d'un combat militant pour une autre organisation de la société dans laquelle le travail n'occuperait plus une place prépondérante. Mais à la fin des années 1970, face à la montée du chômage de masse, la motivation essentielle de la réduction du temps de travail devint le partage des emplois pour faire baisser le chômage. Les gouvernements de Pierre Mauroy et de Lionel Jospin utilisèrent explicitement cet argumentaire lorsqu'ils réduisirent la durée du travail par voie légale en 1982 et 2000. En présentant son plan pour l'emploi le 15 septembre 1981, Pierre Mauroy n'hésitait pas à déclarer que « la réduction du temps de travail constitue de loin la mesure la plus efficace contre le chômage [1] ». Quant à Martine Aubry, qui fut l'architecte des lois sur les 35 heures promulguées par le gouvernement de Lionel Jospin, elle confiait dans une interview parue dans le journal *Le Monde* daté du 8 octobre 2003, que le principal objectif des 35 heures « était de faire retrouver un emploi à un maximum de personnes ». Cette position n'est pas l'apanage des gouvernements de gauche, puisque la « loi Robien », votée en juin 1996, sous le gouvernement d'Alain Juppé, avait aussi pour objectif d'inciter les entreprises à

1. Cité dans le rapport du Commissariat général du plan, *Réduction du temps de travail : les enseignements de l'observation*, rapport de la commission présidée par Henri Rouilleault, La Documentation française, 2001, p. 74.

favoriser l'emploi, en aménageant et en réduisant le temps de travail de façon négociée.

À première vue, l'idée selon laquelle la baisse de la durée du travail est un moyen de partager les emplois semble aller de soi : dans un monde où la production des entreprises serait une donnée intangible, il faudrait un nombre fixe d'heures de travail pour atteindre ce niveau de production. Il suffirait alors que chacun travaille moins longtemps pour que les entreprises embauchent des personnes supplémentaires, leur permettant d'honorer leurs carnets de commande. Mais nous ne vivons pas dans un tel monde [1]. L'environnement économique est toujours très incertain et une proportion massive des emplois se redéploie sans cesse entre les entreprises. Certaines d'entre elles ont bien un carnet de commande à honorer à l'horizon de quelques semaines, voire de quelques mois, et peuvent donc être incitées à embaucher des personnes supplémentaires. Mais ces embauches seront temporaires, car c'est la capacité à conserver leurs clients et à en conquérir de nouveaux qui détermine la survie et le développement des entreprises. En dernière analyse, l'impact de la réduction du temps de travail sur l'emploi dépend de la manière dont elle affecte la compétitivité des entreprises. Depuis quelques années, les pouvoirs publics en sont conscients, puisque, aussi bien les lois Aubry qu'avant elles la loi Robien, ont prévu des « aides » importantes. Ainsi, les lois Aubry ont accordé aux entreprises réduisant leur temps de travail des baisses de charges qui représentent à l'heure actuelle 0,7 point de PIB, soit deux fois le budget du RMI [2].

---

1. Notons que, dans un tel monde, l'emploi est d'autant plus élevé que les salariés sont peu efficaces, puisque les entreprises sont censées embaucher le nombre de personnes leur permettant d'atteindre l'objectif de production. Dans ce cas, un remède simple au chômage consisterait à obliger les travailleurs à réduire leur cadence et leur efficacité pour permettre aux chômeurs d'être embauchés.

2. Les baisses de charges sur les bas salaires représentent 1,3 point de PIB, dont 0,7 point correspond à des réductions accordées dans le cadre des « lois Aubry ».

Il reste à savoir si la réduction du temps de travail favorise la compétitivité. Ce sera le cas si elle incite les entreprises à adopter une organisation plus performante et si elle pousse les salariés à travailler plus efficacement, sans trop accroître le coût de la main-d'œuvre. Pour les défenseurs des 35 heures ce scénario était le plus vraisemblable [1], mais seules les études empiriques sont susceptibles de nous indiquer si la réalité s'est conformée à ce scénario. Elles sont malheureusement encore rares. Peu d'études ont évalué l'impact de la réduction du temps de travail à l'aide de données d'enquêtes portant sur un grand nombre d'entreprises ou suivant les parcours d'un grand nombre de personnes sur le marché du travail [2]. Jennifer Hunt [3] a analysé les conséquences des réductions de la durée du travail, négociées branche par branche, en Allemagne entre 1984 et 1994. Chaque branche pouvait ainsi négocier une durée légale du travail – dite « durée conventionnelle » – différente. Par exemple, dans l'industrie, la durée hebdomadaire conventionnelle moyenne est passée de 40 heures en 1984, à 38,8 heures en 1988 et à 37,7 heures en 1994. L'objectif explicite d'un grand nombre de ces accords de réduction de la durée conventionnelle était d'accroître l'emploi en favori-

1. Voir l'ouvrage de Gilbert Cette et Dominique Taddei, *Réduire la durée du travail*, Le Livre de Poche, coll. « Références », 1997.

2. Nous faisons ici référence aux études fondées sur des données d'enquêtes qui analysent l'impact de réductions de la durée du travail non financées par des baisses de charges. De nombreux travaux ont été consacrés à l'impact de la réduction du temps de travail en utilisant diverses méthodes de simulation de modèles. D'autres ont étudié l'impact de mesures incitatives ayant réduit à la fois les charges et la durée du travail. Des synthèses sont présentées dans Pierre Cahuc et Pierre Granier (éd.), *La Réduction du temps de travail : une solution pour l'emploi ?*, Economica, 1997 ; Pierre Cahuc, « Les expériences françaises de réduction du temps de travail : moins d'emplois et plus d'inégalités », *Revue française d'économie*, vol. 15, n° 3, janvier 2001, p. 141-166 ; le rapport du Commissariat général du plan, *Réduction du temps de travail : les enseignements de l'observation*, *op. cit.*

3. Jennifer Hunt, « Has Work-sharing Worked in Germany ? », *Quarterly Journal of Economics*, vol. 114, 1999, p. 117-148.

sant le partage du travail. La variabilité des durées conventionnelles selon les branches constitue une précieuse source d'information pour évaluer les conséquences des mesures de réduction de la durée légale du travail sur la durée effective, les salaires et l'emploi. Jennifer Hunt a pu établir que la durée de travail effective a décru dans une proportion similaire à celle de la durée conventionnelle. En revanche, elle trouve que le niveau de l'emploi n'a pas été affecté par les modifications de la durée conventionnelle et que les salaires mensuels ont été maintenus. L'expérience allemande de partage du travail a donc permis à ceux qui ont conservé leur emploi de bénéficier d'horaires moindres sans perte de salaire, mais n'a pas contribué à faire baisser le chômage.

Bruno Crépon et Francis Kramarz [1], qui appartiennent à l'unité de recherche de l'Insee, ont examiné les effets de la loi du 1er février 1982 qui a abaissé la durée légale du travail de 40 à 39 heures avec maintien intégral du salaire. Ils trouvent que les travailleurs ayant effectivement bénéficié de la réduction de la durée hebdomadaire du travail entre 1981 et 1982 ont perdu *plus fréquemment* leur emploi que ceux dont la durée du travail était déjà inférieure à 39 heures en 1981. Plus précisément, ils estiment que 6,2 % des salariés travaillant 40 heures en 1981 avaient perdu leur emploi en 1982, tandis que seulement 3,2 % de ceux qui travaillaient déjà 39 heures ou moins en 1981 n'avaient plus d'emploi en 1982. Ils prennent soin de vérifier que les qualités propres à chaque travailleur ne sont pas les véritables causes de cet écart dans la fréquence des pertes d'emplois. Ils peuvent donc bien conclure que le passage aux 39 heures n'a eu aucun impact positif sur l'emploi, même à court terme.

L'évaluation du passage aux 35 heures est beaucoup plus délicate, car les lois Aubry contenaient un mélange

1. « Employed 40 Hours or Not-Employed 39 : Lessons from the 1982 Workweek Reduction in France », *Journal of Political Economy*, vol. 110, 2002, p. 1355-1389, et « Le passage aux 39 heures en 1982 », *Économie internationale : la revue du CEPII*, 85, 2000, p. 85-94.

complexe de réductions du temps de travail, d'aides financières et de flexibilité des horaires. Le chiffre de 350 000 emplois créés (au minimum) par les lois en question, reproduit dans de nombreux articles, n'est pas sérieusement établi. Et même s'il se révèle exact, il ne suffit pas à prouver que la réduction du temps de travail a eu un effet bénéfique sur l'emploi. On ne peut exclure que les lois Aubry auraient été plus favorables à l'emploi si elles avaient consisté à diminuer les charges patronales *sans* diminuer la durée du travail. Après tout, les deux études résumées plus haut qui analysent la réduction du temps de travail en faisant abstraction de tous les autres facteurs ne font apparaître aucun effet positif de cette mesure sur l'emploi, et nous verrons au chapitre suivant que les programmes d'allégements des cotisations patronales semblent avoir permis de créer effectivement beaucoup d'emplois. Ces résultats n'incitent pas à penser que la composante RTT des lois Aubry fut créatrice d'emplois. Mais, à l'heure actuelle, il nous manque des évaluations comparatives rigoureuses comme celles réalisées, par exemple, pour analyser les effets de l'exode de Mariel. En les attendant, si tant est qu'elles puissent exister un jour, la prudence s'impose.

Penser que réduire la durée du travail crée systématiquement des emplois, tout comme suspecter que les immigrés prennent le travail des Français, relève d'une conception erronée du fonctionnement du marché du travail selon laquelle il existerait un nombre d'emplois ou d'heures de travail fixé par un *deus ex machina*. Cette conception est aux antipodes de la réalité. Les emplois sont fragiles. Ils peuvent éclore et disparaître très rapidement et en très grand nombre. Leur existence est conditionnée par certaines caractéristiques de l'environnement économique, sur lesquelles les pouvoirs publics peuvent agir et qui seront examinées dans les chapitres suivants.

3

Le salaire n'est pas (toujours) l'ennemi de l'emploi

Nous sommes le 17 février 1995. Jacques Chirac prononce le discours « fondateur » de sa campagne présidentielle. Après avoir évoqué les risques de fracture sociale, il déclare notamment :

> Certains sont allés jusqu'à dire, dans le sillage d'une commission du plan chargée de nous guider vers les frontières de l'an 2000, qu'il n'y aurait pas de reprise, de retour de la croissance, sans gel ou limitation du pouvoir d'achat des salariés. Voilà qu'on nous propose de réinventer la politique des revenus des années 1960 qui chargeait les partenaires sociaux d'arbitrer, au sommet, entre les salaires et l'emploi. Comme si la feuille de paie était l'ennemi de l'emploi. Comme si un franc de salaire distribué était un franc perdu pour l'économie, un franc qui ne consomme pas, un franc qui n'épargne pas, un franc inutile. Certains sont même prêts à contester le principe d'un salaire minimum, qui aurait, disent-ils, des effets pervers sur l'emploi. Je ne puis que m'inquiéter devant de tels discours [1].

---

1. Le discours intégral de Chirac est disponible sur http://notre.republique.free.fr/CHIRAC95pdt.htm. Le début de cet extrait fait allusion à une commission du plan présidée par Alain Minc et chargée de remettre au Premier ministre de l'époque, Édouard Balladur, un rapport sur « les défis de l'an 2000 ». Dans la partie consacrée à la politique salariale, ladite commission avait émis l'idée qu'en phase de reprise économique, « le coût salarial par tête

Fallait-il déceler dans ces propos un positionnement « keynésien » du futur chef de l'État s'opposant au « libéralisme » des partisans d'Édouard Balladur ? On sait que pour les disciples de Keynes, des salaires élevés sont le gage d'une consommation des ménages soutenue, ce qui incite les entreprises à embaucher pour répondre à cette demande de consommation. À l'inverse, pour les libéraux, les augmentations de salaire détruisent des emplois, car elles dégradent la rentabilité des entreprises. Qui a raison ? *A priori*, tout le monde, car il est toujours possible de s'appuyer sur des représentations théoriques cohérentes et sur quelques exemples historiques bien choisis pour conforter l'une ou l'autre thèse. Depuis quelques années, les économistes se sont efforcés de trancher cette question en exploitant des ressources statistiques et en mobilisant des techniques d'évaluation que ne possédaient pas leurs prédécesseurs. Aujourd'hui, on peut encore dire que tout le monde a raison, mais maintenant on sait un peu mieux dans quelles circonstances.

Une histoire de fast-food

Le 1er avril 1992, le salaire minimum a brusquement augmenté de près de 19 % dans l'État du New Jersey. En revanche, il n'a pas bougé dans l'État voisin de Pennsylvanie. David Card et Alan Krueger, alors professeurs d'économie à l'université de Princeton, ont profité de cette expérience « naturelle » pour tenter d'évaluer les effets d'une hausse du salaire minimum sur l'embauche des personnes concernées par ce salaire. Pour cela, ils ont comparé l'évolution du niveau de l'emploi dans les fast-foods situés au New

---

[…] doit augmenter moins vite que la productivité, afin que le surplus dégagé par la croissance soit prioritairement affecté à la création d'emplois ». Ce qui, en clair, voulait dire que les hausses de salaire pouvaient être défavorables à la création d'emplois. Le rapport rédigé par Alain Minc a été publié chez Odile Jacob, en 1994, sous le titre *La France de l'an 2000.*

Jersey et en Pennsylvanie [1]. Les fast-foods emploient une main-d'œuvre majoritairement peu qualifiée et rémunérée, le plus souvent, au salaire minimum. La rentabilité de ces restaurants dépend ainsi directement de ce niveau de salaire, et l'on doit s'attendre à ce que l'emploi de ce secteur soit particulièrement sensible à ses variations. Le raisonnement élémentaire auquel adhéraient, selon David Card et Alan Krueger, plus de 90 % des économistes professionnels aux États-Unis, aboutissait à un diagnostic sans appel : l'augmentation du salaire minimum va diminuer la rentabilité du secteur de la restauration rapide au New Jersey et détruira donc des emplois dans les fast-foods de cet État. Comme le salaire minimum n'a pas été modifié en Pennsylvanie, on aurait dû observer une évolution de l'emploi dans les fast-foods beaucoup plus favorable en Pennsylvanie qu'au New Jersey.

Pour vérifier la pertinence d'un tel diagnostic, ils ont collecté des données portant sur 473 restaurants du secteur de la restauration rapide. Une première enquête a été menée en février et mars 1992, avant l'augmentation du salaire minimum. Une seconde enquête s'est déroulée en novembre et décembre 1992, soit environ huit mois après l'augmentation du salaire minimum. Pour David Card et Alan Krueger, la conclusion que livre l'exploitation de ces deux enquêtes ne fait aucun doute : la hausse du salaire minimum n'a pas eu d'impact négatif sur l'emploi dans les fast-foods du New Jersey. Elle aurait peut être même eu un impact faiblement positif. Un résultat inimaginable pour beaucoup d'économistes. La réaction ne se fit pas attendre.

On contesta d'abord la qualité des renseignements issus des enquêtes. Ces dernières ayant été menées par téléphone, elles ne fournissent pas des renseignements aussi fiables que

---

1. David Card et Alan Krueger, « Minimum Wages and Employment : A Case Study of the Fast-Food Industry in New Jersey and Pennsylvania », *American Economic Review*, 1994, vol. 84, p. 772-793. Voir aussi leur livre *Myth and Measurement. The New Economics of the Minimum Wage*, Princeton, New Jersey, Princeton University Press, 1995.

les déclarations que sont tenues de faire les employeurs auprès de l'administration fiscale. L'exploitation des données issues de cette source fit douter un moment de la validité des conclusions de l'étude, mais ils parvinrent finalement à prouver que leurs résultats n'étaient pas fondamentalement modifiés par l'usage de ce type de données [1]. On reprocha aussi à Card et Krueger d'avoir négligé les conséquences d'une hausse du salaire minimum sur le *nombre* de restaurants. On ne peut exclure que cette hausse ait freiné l'ouverture de nouveaux restaurants. Pour répondre à cette objection, Card et Krueger ne se sont plus cantonnés aux seuls employés des fast-foods. Ils ont évalué l'impact du salaire minimum sur tous les jeunes âgés de 16 à 24 ans. Ils trouvent que, relativement à l'ensemble des États-Unis, l'emploi de cette population au New Jersey a plutôt progressé après la hausse du salaire minimum dans cet État. Il est donc peu vraisemblable que la hausse du salaire minimum ait freiné l'ouverture d'établissements employant une grande proportion de jeunes.

On critiqua enfin le principe même de l'étude de Card et Krueger qui consiste à évaluer l'impact du salaire minimum en comparant l'évolution de l'emploi dans un État où cette augmentation a eu lieu, avec celle d'un autre État qui n'a pas été confronté à une telle augmentation. Cette méthode n'élimine pas toutes les autres raisons pouvant justifier des évolutions divergentes de l'emploi. En médecine, où est faite une large utilisation de cette méthode pour tester l'efficacité d'une nouvelle thérapie, ce problème est traité en multipliant le nombre d'expériences. Le risque d'attribuer à tort une évolution favorable de l'état des malades à la nouvelle thé-

1. Voir l'article de David Neumark et William Wascher, « Minimum Wages and Employment : A Case Study on the Fast-Food Industry in New Jersey and Pennsylvania : Comment », *American Economic Review*, vol. 90, 2000, p. 1363-1393, et la réponse de David Card et Alan Krueger, « Minimum Wages and Employment : A Case Study on the Fast-Food Industry in New Jersey and Pennsylvania : Reply », *American Economic Review*, *op. cit.*, p. 1397-1420.

rapie est ainsi limité. Card et Krueger ont appliqué ce principe en répliquant leur étude à d'autres cas de variations du salaire minimum aux États-Unis. Ils analysent ainsi les conséquences de l'augmentation de 27 % du salaire minimum en Californie survenue en 1988, et estiment qu'elle n'a eu aucun impact négatif, ni sur l'emploi total, ni sur l'emploi des jeunes, ni sur l'emploi des salariés du commerce de détail (ces deux derniers groupes sont pourtant les plus concernés par ce niveau de salaire) [1]. Leurs analyses ultérieures menées à la suite des décisions fédérales de 1990 et 1991 étendant à l'ensemble des États-Unis la hausse de 27 % du salaire minimum confirment ces conclusions [2] : les augmentations du salaire minimum survenues aux États-Unis à la fin des années 1980 et pendant la décennie 1990 n'ont pas eu d'impact négatif sur l'emploi.

Faut-il définitivement rejeter la théorie « dominante » selon laquelle toute hausse du salaire minimum, en dégradant la rentabilité des entreprises, a un effet négatif sur l'emploi ? Ce n'est pas si sûr.

Comment le salaire minimum agit sur l'emploi ?

En réalité, les économistes du travail savent depuis longtemps qu'imposer un salaire minimum est susceptible d'avoir un impact positif et durable sur l'emploi. George Stigler, dans un article fondateur publié en 1946, avait déjà expliqué pourquoi une hausse du salaire minimum pouvait augmenter le nombre des embauches si « l'employeur a un degré de contrôle significatif sur le taux de salaire qu'il paie [3] ». Cette

1. Cf. David Card et Alan Krueger, *Myth and Measurement, op. cit.*, chap. 3.
2. *Ibid.*, chap. 2 et 4.
3. « The Economics of Minimum Wage Legislation », *American Economic Review,* vol. 36, 1946, p. 358-365. George Stigler obtint le prix Nobel d'économie en 1982 pour ses études originales sur la structure industrielle, le fonctionnement des marchés ainsi que les causes et les effets de la réglementation publique.

phrase un peu mystérieuse fait référence au *degré de concurrence* régnant sur le marché du travail. George Stigler avait, en effet, remarqué que les économistes admettent généralement que le marché du travail fonctionne selon les règles de la « concurrence parfaite » lorsqu'ils réfléchissent aux conséquences du salaire minimum. En situation de concurrence parfaite, les employeurs se livrent un combat féroce pour attirer une main-d'œuvre très mobile. Ils sont alors amenés, précisément par le jeu de cette concurrence acharnée, à fixer des salaires pratiquement égaux à la productivité des travailleurs qu'ils recrutent de peur que ces derniers n'aillent frapper à la porte de leurs concurrents. L'écart entre ce que rapporte un travailleur (sa productivité) et ce qu'il coûte (son salaire) est donc insignifiant [1]. Si, dans cette situation, les autorités publiques imposent un salaire minimum *supérieur* au salaire auquel aboutit le jeu de la concurrence, certains travailleurs coûteront plus à leurs entreprises qu'ils ne leur rapportent. Celles-ci finiront par se séparer de ces travailleurs. Le salaire (minimum) est bien l'ennemi de l'emploi.

Mais la réalité ne ressemble pas souvent à cette situation de concurrence parfaite. En particulier, l'incessant processus de créations et de destructions d'emplois, que nous avons détaillé au chapitre 1, oblige les travailleurs à dépenser du temps, de l'énergie et des ressources, pour trouver ou retrouver un emploi. Lorsqu'un travailleur reçoit une proposition d'embauche et envisage de la refuser, il sait qu'il lui faudra poursuivre des recherches en général longues et coûteuses avant de recevoir une nouvelle proposition. On est loin du monde idéal de la concurrence parfaite où chaque individu refusant une offre d'emploi peut instantanément aller se faire embaucher ailleurs. Cette viscosité du marché du travail a pour première conséquence de diminuer l'inten-

1. Dans cette partie théorique, ce que nous appelons « salaire », pour faire court, représente en fait le « coût du travail », c'est-à-dire le salaire augmenté de tous les prélèvements pesant sur la main-d'œuvre.

sité de la lutte que se livrent les employeurs pour attirer la main-d'œuvre. Dans la réalité, chaque employeur possède ainsi un *pouvoir de monopsone* [1] dont il peut tirer parti en fixant un salaire *plus faible* que le salaire auquel aurait conduit la concurrence parfaite. L'écart entre la productivité et le salaire n'est plus négligeable, il y a désormais une « marge » entre ce que coûte et ce que rapporte un employé à son entreprise.

Si l'État décide alors de fixer le salaire minimum très légèrement au-dessus du salaire choisi par l'employeur, celui-ci voit sa marge sensiblement réduite. Cette marge demeure cependant positive et il n'a donc aucune raison de se séparer de son personnel. Mais il y a plus. La hausse du salaire minimum va inciter certaines personnes sans emploi à chercher plus intensément du travail et à s'intéresser à des propositions qu'elles délaissaient auparavant. On verra donc *plus* de personnes désirant travailler pour percevoir le salaire minimum fixé par l'État qu'il n'y en avait pour accepter le salaire (plus faible) choisi par un employeur exerçant son pouvoir de monopsone. Comme cet employeur réalise sur chaque travailleur payé au salaire minimum une marge positive, il a intérêt à embaucher ces travailleurs supplémentaires. Le salaire minimum n'est plus l'ennemi de l'emploi.

Hélas, cette opération ne peut être réitérée indéfiniment. Toute nouvelle hausse du salaire minimum attire de nouveaux travailleurs, mais réduit la marge bénéficiaire sur ceux qui sont déjà employés. Si l'État continue d'accroître le

1. « Monopsone » signifie un seul acheteur. L'employeur dispose d'un pouvoir de monopsone vis-à-vis de son salarié dans la mesure où ce dernier ne peut généralement pas faire entrer en concurrence d'autres employeurs pour exiger des accroissements de salaire. Cette approche a suscité de très nombreuses études sur la formation des salaires et l'impact du salaire sur l'emploi depuis une décennie. On peut consulter sur ce point les deux ouvrages récents de Alan Manning, *Monopsony in Motion : Imperfect Competition in Labor Markets,* Princeton University Press, 2003, et de Dale Mortensen, *Wage Dispersion : Why are Similar People Paid Differently*, MIT Press, 2003.

salaire minimum, certains travailleurs finiront par coûter plus qu'ils ne rapportent. Ils seront alors licenciés. Le salaire minimum redevient l'ennemi de l'emploi. L'intérêt de cette vision « non concurrentielle » du marché du travail, inspirée par les idées de George Stigler, est de nous faire comprendre que les hausses du salaire minimum n'agissent pas toujours dans le *même* sens. Tout dépend du point de départ. Si le salaire minimum est faible, proche des minima sociaux, une hausse du salaire minimum attire de nouveaux travailleurs que les entreprises ont intérêt à embaucher. En revanche, si le salaire minimum est élevé, toute hausse incite les entreprises à se séparer de leurs employés dont la productivité vient d'être dépassée par la nouvelle valeur du salaire minimum, sans embaucher un nombre équivalent de nouveaux travailleurs plus productifs.

Le salaire minimum peut donc être bénéfique ou néfaste à l'emploi. Une métaphore cycliste résume assez bien ce débat. Un marché du travail où existe un salaire minimum ressemble au franchissement d'un col à vélo. Dans la montée, chaque coup de pédale supplémentaire vous rapproche du sommet, où le niveau de l'emploi est à son maximum, dans la descente, chaque coup de pédale supplémentaire vous en éloigne. Il s'agit avant tout de savoir si le peloton des travailleurs est dans la montée ou s'il a déjà entamé la descente. L'histoire des fast-foods du New Jersey laisse penser qu'aux États-Unis le peloton était encore dans la montée. Ce n'est pas nécessairement le cas partout ailleurs.

France versus *États-Unis*

Le salaire minimum en France et aux États-Unis entre 1960 et 2000

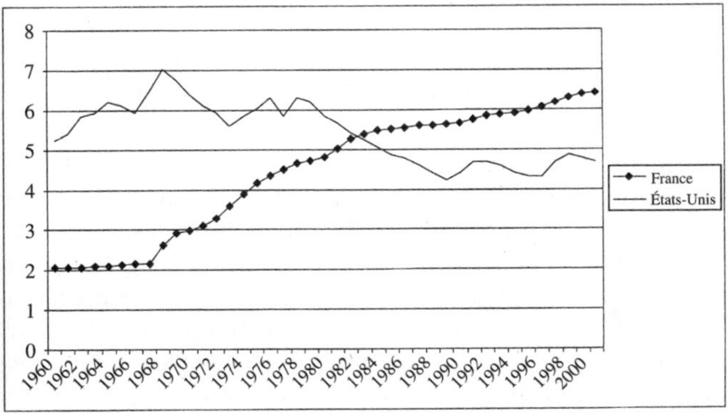

Légende : évolution du salaire réel minimum brut horaire en € 2000 en supposant que 1 € = 1,1 $.
Source : données du Bureau international du travail.

Depuis plus de quatre décennies, l'évolution du salaire minimum est très différente en France et aux États-Unis. Comme le montre le graphique ci-dessus, en France, le salaire minimum n'a cessé d'augmenter depuis le début des années 1960, tandis qu'aux États-Unis sa valeur est plus faible en 2002 qu'en 1960 ! Au cours de cette période, le pouvoir d'achat d'une heure payée au Smig ou au Smic a été multiplié par deux et demi, tandis qu'aux États-Unis le pouvoir d'achat d'une heure payée au salaire minimum fédéral a *diminué*. Ces évolutions divergentes, amplifiées par l'augmentation des charges patronales en France, aboutissent aujourd'hui à des coûts du travail de la main-d'œuvre peu qualifiée très différents. En France, le coût moyen du travail au niveau du salaire minimum est de plus de 60 % plus élevé qu'aux États-Unis [1]. L'écart est si considérable que l'on est en droit de se demander si les États-Unis et la France sont du même côté de la montagne. Les premiers se trouvant encore dans la montée du col où les hausses du salaire minimum peuvent créer des emplois, tandis que la seconde se trouve dans la descente où ces mêmes hausses ont cessé depuis longtemps d'avoir un effet bénéfique.

L'étude menée par une équipe franco-américaine, composée de John Abowd, Francis Kramarz, David Margolis et Thomas Philippon, confirme cette intuition à l'aide d'une méthode simple mais astucieuse [2]. Cette méthode est basée sur le constat qu'à chaque hausse du salaire minimum, il y a des travailleurs dont les salaires sont rattrapés par cette hausse, tandis que les salaires des travailleurs qui gagnent un peu plus ne sont pas rattrapés par cette hausse. John Abowd et ses collègues ont alors eu l'idée de comparer le devenir des travailleurs « rattrapés », pour lesquels le salaire a donc augmenté, avec celui des travailleurs « non rattrapés » pour lesquels le salaire n'a pas bougé. Cette méthode quasi expé-

---

1. En novembre 2003, le salaire minimum fédéral horaire s'élève à 5,15 $. Il comprend de nombreuses dérogations, pour les jeunes de moins de 20 ans, les étudiants et les salariés des petites entreprises, et les cotisations patronales représentent 7,5 % du salaire. Dix États imposent un salaire minimum supérieur au taux fédéral, avec une valeur moyenne de 6,3 $ et une valeur maximale de 7,15 $. Le coût horaire moyen du travail au niveau du salaire minimum est ainsi de l'ordre de 6 $ pour l'ensemble des États-Unis (pour obtenir plus de précisions, consulter le site *www.bls.gov*). En France, le salaire minimum horaire brut est de 7,19 €, avec un taux moyen de cotisations patronales de l'ordre de 25 %, nettement inférieur au taux plein de 45 %, grâce aux allègements de charges sur les bas salaires introduits par les gouvernements Balladur, Juppé et Jospin. En prenant comme taux de change 1 € = 1,1 $, on trouve un coût du travail en France de 9,89 $, ce qui est supérieur de 65 % au coût nord-américain égal à 6 $.

2. Voir leur article « The Tail of Two Countries : Minimum Wage and Employment in France and the United States », *IZA Working Paper* 203, 2001, disponible sur www.iza.org.

rimentale est proche de celle utilisée par David Card et Alan Krueger dans leur étude des fast-foods du New Jersey. Elle consiste à évaluer les performances d'un groupe test bénéficiant d'une mesure (ici, les travailleurs rattrapés par l'augmentation du salaire minimum) et celles d'un groupe témoin, doté de caractéristiques similaires, mais ne bénéficiant pas de la mesure (ici, les travailleurs qui ont failli être rattrapés par l'augmentation du salaire minimum). Pour mener à bien ce programme, des échantillons comptant plusieurs dizaines de milliers de personnes entre 1990 et 1998 ont été suivis. Aux États-Unis, les perspectives d'emploi des personnes du groupe test, dont le salaire a donc été rattrapé par les hausses du salaire minimum, ne se distinguent pas significativement de celles du groupe témoin. En revanche, en France, les personnes appartenant au groupe test ont un risque plus important de perdre leur emploi que celles du groupe témoin. Les hausses du salaire minimum semblent donc indolores aux États-Unis, mais préjudiciables à l'emploi en France.

Ces résultats laissent néanmoins dans l'ombre un aspect important du problème. Les arguments mis en avant par George Stigler pour expliquer l'impact positif du salaire minimum sur l'emploi reposent sur une modification des comportements des travailleurs : c'est en augmentant le nombre de personnes désirant être embauchées au niveau du salaire minimum et l'activité de recherche des chômeurs que le salaire minimum peut accroître l'emploi. Il est donc possible que toute hausse du Smic pousse les entreprises françaises à se séparer d'une partie de leurs employés, mais facilite en même temps le recrutement d'autres personnes (supposées plus productives), conduisant, au bout du compte, à accroître l'emploi total. Si tel était le cas, on devrait constater que les augmentations du salaire minimum se traduisent par un accroissement des entrées dans l'emploi à ce niveau de salaire. L'étude de John Abowd et de ses collègues invalide cette éventualité. Elle trouve qu'une augmentation du Smic a un impact plutôt négatif sur les entrées en emploi en France. En définitive, elle aboutit à la conclusion qu'une augmentation du Smic contribue non seulement à accroître les destructions d'emplois mais aussi à diminuer les créations d'emplois. Le constat est donc sans ambiguïté : les augmentations du coût du travail au niveau du salaire minimum se traduisent en France par une diminution de l'emploi peu qualifié. Les États-Unis et la France ne sont pas du même côté du col [1].

Garantir le salaire et l'emploi

Constater que le *coût* du travail exerce un impact négatif sur l'emploi ne signifie pas qu'il faut nécessairement baisser le *salaire*. En France, l'écart entre le coût du travail et le salaire est considérable. Il est parfaitement possible de réduire le premier sans diminuer le second. En moyenne, lorsque l'employeur débourse 100 €, le travailleur perçoit un salaire net de 55 €, avant paiement de l'impôt sur le revenu. Cette différence entre coût du travail et salaire net provient des « charges sociales », c'est-à-dire des cotisations salariales et patronales qui servent à financer les dépenses de santé, les retraites et les allocations chômage. Les politiques de baisse des charges sociales mises en œuvre par des gouvernements aussi différents que ceux d'Édouard Balladur, d'Alain Juppé, de Lionel Jospin et poursuivies par celui de Jean-Pierre Raffarin, ont pour but de diminuer le coût du travail sans toucher au salaire net perçu par l'employé. Ces politiques ont fait passer les cotisations patronales de 45 % à

---

1. Ajoutons un dernier argument à ce diagnostic. En France, le coût du travail au niveau du Smic n'a pas toujours augmenté entre 1990 et 1998. Les politiques d'allègement des charges patronales ont même provoqué une baisse de ce coût entre les années 1993-1994 et 1995-1996. Or l'étude de John Abowd et de ses collègues fait ressortir que les salariés payés au Smic ont vu leur chance de conserver leur emploi *s'accroître* pendant les périodes 1993-1994 et 1995-1996 (relativement à celle des travailleurs percevant un salaire légèrement plus élevé que le salaire minimum). En revanche, elle fait aussi ressortir que les diminutions du coût du travail observées aux États-Unis n'ont eu aucun impact significatif sur les possibilités de perdre ou de conserver son poste pour les salariés rémunérés au salaire minimum.

25 % au niveau du Smic, ce qui implique qu'un coût du travail de 100 € garantit un salaire net de 69 € à ce niveau de rémunération.

L'efficacité de ces politiques ne fait guère de doute. L'étude la plus complète et la mieux documentée a été réalisée par Bruno Crépon et Rosenn Desplatz [1]. À l'aide d'un échantillon de 90 000 entreprises, ils ont évalué l'impact des exonérations de charges patronales sur les bas salaires introduites en 1995 et 1996 en comparant les performances des entreprises ayant bénéficié des allégements de charges avec celles des entreprises qui n'en n'ont pas bénéficié. Ils estiment que les exonérations de cotisations patronales introduites en 1995 et 1996 ont créé ou sauvegardé environ 460 000 emplois à la fin 1997 [2]. Leurs résultats, résumés dans le tableau ci-dessous, indiquent que ces exonérations ont créé principalement des emplois non qualifiés, mais aussi des emplois qualifiés, tant dans le secteur de l'industrie que dans celui des services. La hausse de l'emploi non qualifié était attendue ; en revanche celle de l'emploi qualifié peut surprendre puisque ce type d'emplois n'est pas concerné par les abaissements de charges. Deux phénomènes se conjuguent pour expliquer la hausse de l'emploi qualifié. D'une part, l'embauche de travailleurs peu qualifiés contribue à améliorer l'efficacité des travailleurs qualifiés qui peuvent déléguer une partie de leurs tâches ou bénéficier d'un plus grand nombre de collaborateurs. D'autre part, la réduction du coût du travail peu qualifié améliore la rentabilité globale des entreprises bénéficiant des allégements de charges. Leur compétitivité s'améliore, elles gagnent des parts de marché

---

1. Leur article « Une nouvelle évaluation des effets des allègements de charges sociales sur les bas salaires », *Économie et statistique*, n° 348, 2001, p. 1-24, décrit la méthode utilisée et détaille tous les résultats. Le même numéro d'*Économie et statistique* contient des commentaires qui éclairent la portée de cette étude.

2. Plus précisément, ils trouvent que ces exonérations auraient créé entre 255 000 à 670 000 emplois. Le chiffre de 460 000 est donc une moyenne.

et recrutent donc à la fois des travailleurs non qualifiés et qualifiés.

Créations d'emplois dues aux allégements de cotisations patronales en France (en milliers)

	Industrie	Services	Ensemble
Emploi total	150 000	310 000	460 000
Emploi qualifié	70 000	150 000	220 000
Emploi non qualifié	80 000	160 000	240 000

Lecture : l'emploi non qualifié correspond aux ouvriers et employés non qualifiés, aux apprentis et aux stagiaires.
Source : Bruno Crépon et Rosenn Desplatz, « Une nouvelle évaluation des effets des allégements de charges sociales sur les bas salaires », art. cit.

Les évaluations de Bruno Crépon et Rosenn Desplatz ne tiennent pas compte du financement des exonérations de charges. Or, on ne peut *a priori* exclure que les prélèvements supplémentaires nécessaires à ce financement finissent par peser sur les créations d'emplois et annulent les bénéfices des allégements de charges. Ce risque est faible car, comme le montre le tableau ci-dessus, les allégements de charges sur les bas salaires créent beaucoup d'emplois. Il en résulte de nouvelles rentrées fiscales et des économies au titre des allocations chômage et des minima sociaux. À terme, les gains réalisés grâce à ces créations d'emplois peuvent ainsi compenser les prélèvements requis par la mise en œuvre des allégements de charges. Selon les évaluations disponibles, le coût budgétaire de ces mesures (égal à la différence entre les gains réalisés et les prélèvements requis) serait très faible [1]. Il apparaît même que des exonérations *supplémentaires* pourraient être financées par un « re-profilage » consistant à accroître les cotisations patronales sur les moyens et hauts salaires, sans que le pouvoir d'achat des bas salaires ne soit diminué [2].

---

1. Voir Pierre Cahuc, « Baisser les charges sociales : jusqu'où et comment ? », *Revue française d'économie*, janvier 2003, p. 3-54.

2. Comme l'embauche de travailleurs à bas salaires améliore la productivité des salariés qualifiés, l'accroissement des charges pesant sur eux ne se traduit pas nécessairement par une réduction

Baisses des charges sociales et solidarité

Tout laisse penser qu'aujourd'hui, en France, le coût du travail au niveau du salaire minimum est encore l'ennemi de l'emploi. Est-une raison pour supprimer le Smic ? Non, mais c'est une raison pour réduire encore son coût pour l'entreprise. Les allégements de charges permettent cette réduction. Ils doivent être poursuivis et même amplifiés, d'autant plus que les augmentations du Smic mises en œuvre dans le cadre de la politique de réduction du temps de travail ont tendance à accroître le coût du travail au niveau du salaire minimum. Certains ne voient pourtant dans cette politique que des « cadeaux » trop généreusement octroyés aux entreprises utilisatrices. Cette critique oublie que ce sont toujours les ménages qui finissent par payer les prélèvements, quelle que soit leur forme. Certes, les ménages qui détiennent les entreprises sont en moyenne plus riches que les autres et les réductions de charges sur les bas salaires pourraient avoir tendance à accroître leurs revenus. Ce n'est pas une raison pour se priver d'une politique ayant la vertu de créer des emplois peu qualifiés. Il est possible, voire même souhaitable, de limiter l'éventuelle augmentation de revenu des ménages les plus aisés par le biais d'une plus grande progressivité de l'impôt sur le revenu. Nous reviendrons sur ce point dans le chapitre 5.

---

de leur salaire net. Les évaluations réalisées jusqu'à présent indiquent qu'une baisse des cotisations patronales sur les bas salaires de l'ordre de 30 points supplémentaires réalisée par un reprofilage (ce qui conduit éventuellement à subventionner l'usage de travail peu qualifié) permettrait de préserver le pouvoir d'achat des travailleurs qualifiés, d'augmenter le PIB et de créer 400 000 emplois faiblement qualifiés. Au-delà de ce seuil de 30 points, les allégements de charges ont une efficacité trop faible pour permettre d'intégrer dans l'emploi des travailleurs faiblement qualifiés, tout en préservant le pouvoir d'achat des hauts et moyens salaires et l'évolution favorable du PIB. Voir Pierre Cahuc, *ibid.*, et Bernard Salanié, « Une maquette analytique de long terme du marché du travail », *Économie et prévision,* n° 146, 2000, p. 1-15.

L'aspect redistributif de cette politique d'abaissement des charges sociales doit aussi être mentionné. En son absence, les entreprises employant le plus de smicards – qui sont souvent de petites entreprises exerçant leurs activités sur des marchés où la concurrence est vive – supportent *seules* la décision *collective* de fixer à un niveau élevé (ou décent selon les convictions de chacun) la norme minimale en matière de salaire. En outre, il est injuste que des personnes soient exclues de l'emploi du fait de cette décision collective qui profite à certains mais pas à d'autres. Pour que le Smic soit un instrument de redistribution des ressources au bénéfice des travailleurs les moins favorisés, il faut maîtriser son impact sur le coût du travail. Sinon, le Smic peut avoir des conséquences opposées à celles recherchées : il peut accroître les inégalités en empêchant les personnes les moins qualifiées d'accéder à un emploi. On peut imaginer d'autres formes de redistribution, comme l'impôt négatif par exemple, financées par l'ensemble des contribuables. La France a fait le choix d'un salaire minimum élevé. Ce choix suppose la solidarité de l'ensemble des contribuables pour être efficace et équitable. Cette solidarité doit se manifester en finançant les allégements de charges sociales des entreprises employant de la main-d'œuvre rémunérée au salaire minimum.

La feuille de paie n'est pas toujours une ennemie de l'emploi. Elle peut lui être favorable. Aujourd'hui, en France, les hausses du coût du travail au niveau du salaire minimum sont un frein à l'emploi des travailleurs les moins qualifiés. Les allégements de charges sociales permettent de maîtriser ces hausses tout en préservant le pouvoir d'achat du Smic. Mais ce n'est pas suffisant. Il faut aussi créer les conditions pour que le travail salarié soit financièrement plus intéressant que l'inactivité. Nous allons voir dans le chapitre suivant que ces conditions ne sont pas toujours satisfaites en France.

4

Le travail doit payer

Le travail à quel prix ?

Avant le 15 juillet 1980, un employé victime d'un accident du travail dans l'État du Kentucky recevait, pendant toute la durée de sa convalescence, une indemnité proportionnelle à son salaire. Celle-ci ne pouvait dépasser un plafond de 131 $ par semaine. Le 15 juillet 1980, ce plafond a été relevé à 217 $ la semaine, soit une hausse de 66 %. Il en résulte que les salariés les mieux payés étaient nettement mieux indemnisés pour les accidents survenus après cette date. Ce déplafonnement a considérablement modifié les comportements des salariés les mieux payés : il a accru la durée de leurs arrêts de travail de 20 % ! En effet, ces salariés avaient des arrêts de travail d'une durée moyenne de 4,3 semaines pour les accidents survenus *avant* le 15 juillet. En revanche, ces mêmes salariés restèrent arrêtés en moyenne 5,2 semaines pour les accidents survenus *après* cette date. Curieusement, la durée moyenne d'arrêt des travailleurs accidentés les moins bien payés, et qui n'étaient donc pas concernés par la hausse du plafond, resta la même avant et après cette date. Personne ne voulut croire que les accidents du travail étaient subitement devenus plus graves pour les travailleurs les mieux payés, et seulement pour eux, après le 15 juillet 1980 [1].

Doit-on conclure que les cadres américains ont décidément une attitude peu citoyenne, fruit d'un individualisme dévoyé, qu'on ne rencontrerait que dans certaines couches de la société américaine ? Certainement pas. L'exemple d'un changement dans les règles d'attribution de l'allocation parentale d'éducation (APE) nous enseigne que des femmes françaises, nettement moins bien payées que les cadres américains, mais placées dans des conditions comparables, réagissent à peu près de la même manière. Pour en rester à l'essentiel, il suffit de savoir qu'avant 1994, l'allocation parentale d'éducation offrait une prime mensuelle d'environ 3 000 francs aux mères de trois enfants acceptant de s'arrêter de travailler. Après 1994, cette mesure a été étendue aux mères de deux enfants. L'avantage financier à exercer une activité n'est donc plus le même pour les mères de deux enfants – et seulement pour elles – avant et après 1994. On a constaté que la proportion de femmes de cette catégorie ayant un emploi (leur *taux d'emploi*) est passée de 58,6 % en mars 1994 à 47,4 % en mars 1997, soit une chute de plus de 11 points de pourcentage en trois ans. À l'inverse, le taux d'emploi des mères qui n'étaient pas concernées par la réforme de 1994 a *augmenté* d'environ 3 points sur la même période. La chute du taux d'emploi des mères de deux enfants est donc considérable eu égard au rythme habituel de l'évolution de la participation des femmes au marché du travail. Thomas Piketty, chercheur à l'École des hautes études en sciences sociales, a analysé très précisément toutes les causes possibles de cette chute du taux d'emploi des mères de deux enfants après 1994 ; il conclut sans ambiguïté qu'elle est

1. Cette expérience naturelle est analysée en détail par Bruce Meyer, Kip Viscusi et David Durbin dans leur article « Workers'Compensation and Injury Duration : Evidence from a Natural Experiment », *American Economic Review,* n° 85, juin 1995, p. 322-340.

entièrement imputable à l'extension de l'allocation parentale d'éducation [1].

Ces deux exemples nous enseignent simplement que si travailler devient moins avantageux, *en moyenne*, moins de gens iront travailler. Il faut surtout ne pas oublier le « en moyenne » dans l'énoncé de cette conclusion. Nos deux histoires ne nous disent pas que *tous* les cadres américains accidentés après le 15 juillet 1980 ont rallongé leur convalescence ou que *toutes* les mères françaises de deux enfants sont devenues inactives après l'extension de l'allocation parentale d'éducation. Elles nous disent qu'il y a eu *plus* de cadres ayant rallongé leur convalescence que l'inverse et qu'il y a eu *plus* de mères ayant renoncé à travailler après l'extension de l'allocation parentale d'éducation que l'inverse. Si tous les cadres américains n'ont pas réagi de la même manière, c'est que tous les cadres américains ne sont pas identiques. Si toutes les mères françaises de deux enfants n'ont pas eu la même réaction, c'est qu'elles ne sont pas toutes semblables. Certaines perçoivent des hauts salaires, aussi, la prime de 3 000 francs a peu de chances de les intéresser. Mais la majorité perçoit des salaires modestes, en mars 1994, dans cette catégorie, il y avait 10 % de salaires supérieurs à 10 000 francs par mois. Parmi ces mères de famille modestement payées, certaines ont jugé que le statut social que confère un emploi était plus important que la prime, d'autres ont pensé que s'arrêter de travailler (quand le conjoint gagne correctement sa vie) permettait d'envisager autrement l'organisation de la vie commune, etc.

Ces deux histoires nous enseignent principalement qu'il est vain de raisonner en termes de bons ou mauvais « citoyens » dans le domaine économique. Mais elles montrent aussi qu'il faut distinguer les bonnes des mauvaises incitations. Une incitation bonne, ou efficace, conduit au but

---

1. Voir son article « L'impact des incitations financières au travail sur les comportements individuels : une estimation pour le cas français », *Économie et prévision,* n° 132-133, janvier-mars 1998, p. 1-36.

recherché. Une incitation inefficace induit des effets pervers pouvant parfois aller à l'encontre du but recherché. La hausse des indemnités consécutives à un accident du travail dans l'État du Kentucky fut une mauvaise incitation, puisqu'elle visait à maintenir le pouvoir d'achat des salariés les mieux payés et non à rallonger leur arrêt de travail. L'extension de l'allocation parentale d'éducation a eu les effets incitatifs recherchés puisque son but était précisément de permettre à certaines femmes de cesser leur activité [1].

Nous venons de voir que certaines personnes sont incitées à travailler moins, voire pas du tout, lorsque le travail ne paie pas. En France, des allocataires de minima sociaux se trouvent dans cette situation. Ils vivent des transferts sociaux attribués par le régime de solidarité et ne peuvent espérer que des salaires peu élevés s'ils parviennent à trouver du travail. Pour eux, le retour vers l'emploi n'apporte pas ou peu d'avantages financiers par rapport à ce qu'ils reçoivent dans leur situation d'assisté. Ce phénomène est amplifié par les frais occasionnés par l'exercice d'un métier (transport, garde d'enfants, impôts éventuels sur les revenus du travail, etc.). Ces personnes se trouvent ainsi enfermées dans une « trappe à inactivité [2] ».

---

1. En revanche, si le but recherché est de lutter contre le chômage par une diminution de la population active, cette politique est sans doute inefficace, comme nous l'avons souligné dans le chapitre 2. En outre, en retirant les femmes du marché du travail, l'allocation parentale d'éducation contribue à les marginaliser. Des aides au financement des frais de garde occasionnés par les enfants présentent, de ce point de vue, l'avantage de permettre aux femmes de participer au marché du travail.

2. En toute rigueur, il faut distinguer la « trappe à inactivité » de la « trappe à chômage ». La première fait référence aux personnes inactives qui, par conséquent, ne font aucune démarche de recherche d'emploi. La seconde fait référence à la non-prise d'emploi par certains chômeurs qui cherchent du travail mais qui, étant donné le niveau de leurs allocations, refusent d'occuper des emplois où les salaires sont faibles. En pratique, la frontière entre ces deux types de « trappes » n'est pas nette du tout. Pour simplifier, nous utilisons uniquement les termes de « trappe à inactivité » pour qualifier ces deux types de trappes.

Le travail paie-t-il en France ?

Dans une étude parue en 2002, Denis Anne et Yannick L'Horty ont évalué très précisément les différences de gain entre ce que pourrait percevoir une personne vivant uniquement des allocations versées par le régime de solidarité et ce qu'elle pourrait obtenir si elle trouvait un emploi payé au niveau du Smic [1]. Une des originalités de cette contribution est de tenir compte de tous les instruments potentiels de soutien au bas revenus, qu'ils soient nationaux ou locaux. Les études antérieures se contentaient, par manque de connaissance des situations locales, d'apprécier uniquement l'ampleur des aides nationales [2]. Mais il existe une multitude d'aides locales qui, comme leur nom l'indique, sont propres à chaque localité. Ces aides concernent les crèches, la restauration scolaire, les frais de transport, la prise en charge des factures d'eau, de gaz et d'électricité, les impayés de loyers, les bons de vacances, les tickets loisirs, etc. Comme il n'y a pas de statistiques disponibles pour l'ensemble des aides locales, Denis Anne et Yannick L'Horty ont mené leur propre enquête dans dix localités reflétant autant que pos-

---

1. Denis Anne et Yannick L'Horty, « Transferts sociaux locaux et retour à l'emploi », *Économie et statistique,* n° 357-358, 2002, p. 49-71. Cet article fait suite à une longue série de travaux ayant montré l'existence de trappes à inactivité en France. Voir en particulier François Bourguignon et Dominique Bureau, *L'Architecture des prélèvements en France,* rapport au Conseil d'analyse économique, 1999, La Documentation française ; Guy Laroque et Bernard Salanié, « Prélèvements et transferts sociaux : une analyse descriptive des incitations financières au travail », *Économie et statistique,* n° 328, 1999, p. 3-19 ; Cyrille Hagneré et Alain Trannoy, « L'impact conjugué de trois ans de réformes sur les trappes à inactivité », *Économie et statistique,* n° 346-347, 2001, p. 161-186.

2. Les plus importantes sont le revenu minimum d'insertion (RMI), l'allocation de parent isolé (API), les allocations familiales, l'aide personnalisée au logement (APL) ou encore les dégrèvements nationaux de taxes d'habitation. Quelques-unes de ces aides sont forfaitaires (les allocations familiales, par exemple), mais la plupart dépendent des ressources de la personne ou du ménage auquel elle appartient.

sible la diversité géographique et économique de notre pays. Ils ont répertorié pas moins de 250 dispositifs d'aides sociales locales. Ils ont ensuite calculé, pour six configurations de ménage (célibataire, famille monoparentale, couple sans enfant, couple avec un, deux ou trois enfants), ce que chaque ménage est susceptible de recevoir en cumulant, lorsque c'est possible, les aides locales et nationales. En moyenne, les ressources tirées des aides nationales s'élèvent à 12 400 € par an. Les transferts locaux ajoutent à cette somme 3 400 € par an, soit près de 21 % du total des ressources. Pour les couples avec deux et trois enfants, ces aides locales s'élèvent à 4400 et 5400 €. On néglige donc une part importante des transferts sociaux en ne tenant pas compte des aides locales.

Ils ont ensuite cherché à répondre à la question : pour chaque configuration familiale, combien de temps faut-il travailler au niveau du Smic horaire pour gagner *autant* que ce que peuvent apporter les aides sociales nationales et locales [1] ? Ces résultats sont résumés dans le graphique 2. On peut constater que ce sont les couples avec deux enfants qui doivent travailler le plus longtemps pour espérer dépasser ce que leur offrent les aides sociales. Partant d'une situation où aucun des conjoints n'exerce une activité salariée, il faudrait que la somme des heures de travail au sein du couple, payées au niveau du Smic, atteigne 44 heures 30 pour que ce couple obtienne un revenu tout juste identique à celui que lui procure le cumul des aides locales et nationales. En d'autres termes, un couple inactif avec deux enfants qui parviendrait à cumuler les aides nationales et locales auxquelles il peut légalement prétendre perdrait de l'argent à voir un de ses membres occuper un emploi à plein temps payé au Smic.

1. L'étude de Denis Anne et Yannick L'Horty ne prend pas en compte le mécanisme d'intéressement qui permet aux allocataires du RMI de cumuler le RMI avec la totalité de leur revenu d'activité durant trois mois, puis avec la moitié de leur revenu d'activité durant les neuf mois suivants.

Cette conclusion s'applique en fait à tous les ménages ayant au moins un enfant. Pour ceux-là, un seul emploi à temps plein au Smic conduit à une perte de revenu. Le couple sans enfant échappe de très peu à cette conclusion, puisqu'il lui faudrait travailler 30 heures (ce qui n'est pas très loin des 35 heures légales du temps plein) pour ne pas subir de pertes de revenu. Seul le célibataire trouve un avantage financier significatif dans la prise d'un emploi à plein temps payé au Smic puisqu'il accroît son revenu à partir de 24 heures de travail hebdomadaire. En revanche, ni lui, ni personne ne trouve aucun avantage financier à accepter un emploi à mi-temps rémunéré au niveau du Smic.

Graphique 2

Durée du travail payée au Smic permettant de gagner autant que les aides nationales et locales

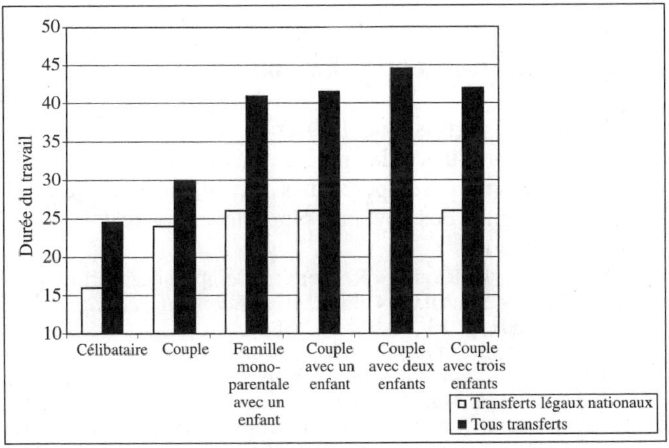

Source : Denis Anne et Yannick L'Horty, *op. cit.*
Lecture : en moyenne, un célibataire peut percevoir chaque semaine, sans travailler, l'équivalent de 16 heures payées au Smic s'il bénéficie des aides nationales et l'équivalent de 24 heures 30 payées au Smic s'il bénéficie en plus des aides locales.

Les chiffres fournis par cette étude peuvent être difficilement contestés. Certes, il est rare qu'une même personne cumule toutes les aides auxquelles elle a droit, mais Denis Anne et Yannick L'Horty soulignent que certaines aides hors barèmes, et certains prêts catégoriels n'ont pas été retenus, ce qui aurait eu pour effet d'accroître le montant des aides possibles. Il est aussi vrai que certaines personnes dont les principales ressources sont les minima sociaux peuvent cependant prétendre à des salaires supérieurs au Smic. Mais ces cas sont marginaux, les enquêtes réalisées sur les RMistes qui parviennent à trouver du travail indiquent que la très grande majorité de leurs salaires se situent autour du Smic mensuel pour les emplois à plein temps et autour d'un demi-Smic mensuel pour les emplois à mi-temps [1]. En définitive, l'étude donne une bonne idée du manque d'avantage financier, voire parfois du désavantage, en France, pour un grand nombre d'allocataires des aides sociales à occuper un emploi payé au niveau du Smic [2].

Trappes à inactivité et trappes à pauvreté

On soutient parfois que l'absence, ou la faiblesse, des gains financiers à travailler ne crée pas de trappes à inactivité, car de nombreuses personnes travaillent alors qu'elles pourraient gagner des revenus plus élevés en restant inac-

1. Voir Laurence Rioux, « Recherche d'emploi et insertion professionnelle des allocataires du RMI », *Économie et statistique,* n° 346-347, 2001, p. 13-32.

2. En s'appuyant sur des données d'enquêtes donnant les salaires auxquels les allocataires du RMI sont payés dans la réalité, Marc Gurgand et David Margolis, deux chercheurs qui appartiennent respectivement au Centre d'étude de l'emploi et au CNRS, trouvent que les gains liés à l'occupation d'un emploi sont faiblement positifs. Voir leur article « RMI et revenus du travail : une évaluation des gains financiers à l'emploi », *Économie et statistique,* n° 346-347, p. 103-122. Leurs résultats confirment ceux de Denis Anne et Yannick L'Horty dans la mesure où ils ne tiennent pas compte des transferts locaux.

tives. Dans l'enquête réalisée sous l'égide de l'Insee sur le devenir des personnes sorties du RMI, à la question : « Au total, êtes-vous plus à l'aise financièrement ? » posée à ceux qui occupent un emploi, plus de 11 % répondent qu'ils y ont perdu financièrement par rapport à leur situation d'allocataire et plus de 21 % répondent que leur situation financière est identique [1]. Il y a donc une proportion importante de personnes qui déclarent occuper un emploi sans y trouver le moindre intérêt financier. Une première explication pourrait être que ces personnes pensent qu'un « mauvais » emploi aujourd'hui ouvre néanmoins la porte du monde du travail et permettra demain d'accéder à un « bon » emploi. Une autre explication, plus étayée, serait qu'occuper un emploi donne un *statut social* auquel ces personnes attachent plus d'importance qu'aux aspects purement financiers. Ainsi, parmi les personnes ayant répondu qu'elles perdaient financièrement à la reprise d'un emploi, huit sur dix déclarent « se sentir mieux » depuis qu'elles travaillent [2].

Néanmoins, ce n'est pas parce que près d'un tiers des personnes sorties du RMI déclarent travailler sans avantage financier que l'ensemble de la population se comporte de cette manière et qu'il n'existe pas de trappe à inactivité. En fait, sur 100 allocataires du RMI en 1996, date du début de l'enquête, il y en avait 84 toujours sans emploi (chômeurs ou totalement inactifs) en janvier 1998. Les trappes à inactivité ne concernent pas les 16 qui ont trouvé un emploi, y compris ceux qui l'ont fait en y perdant financièrement ; elles concernent, potentiellement, les 84 autres. Comment peut-on améliorer leur situation ?

Pour « pousser » au travail, on pourrait envisager de restreindre les prestations versées par le régime de solidarité ou

---

1. L'opinion des anciens allocataires du RMI sur cette question et sur quelques autres est reproduite et analysée par Danièle Guillemot, Patrick Pétour et Hélène Zajdela, dans leur article « Trappe à chômage ou trappe à pauvreté : quel est le sort des allocataires du RMI ? », *Revue économique,* 53 (6), novembre 2002, p. 1235-1252.

2. Ces données se trouvent dans *ibid.*

par l'assurance chômage. Pour la plupart de ceux qui vivent de ces prestations, cela signifierait avant tout plus de pauvreté. On aboutirait ainsi à une situation plus inégalitaire, ce qui n'est sans doute pas souhaitable. On pourrait aussi envisager d'augmenter les salaires. Concrètement, étant donné les caractéristiques des personnes enfermées dans ces trappes à inactivité, il faudrait alors relever substantiellement le niveau du salaire minimum. Or, nous avons vu au chapitre 3 que la valeur actuelle du Smic est vraisemblablement un obstacle à l'emploi, et qu'il faut, au contraire, poursuivre les allégements de charges sociales, afin de diminuer le coût global du travail peu qualifié. Il existe une autre possibilité, simple dans son principe : l'État verse un supplément de salaire à toute personne bénéficiant du régime de solidarité si, et seulement si, elle trouve un emploi.

En France, les mesures allant dans ce sens portent le nom de « politiques de valorisation du travail ». Les Anglais et les Américains sont moins pudiques et disent plus franchement qu'il s'agit de « rendre le travail payant ». Quel que soit le vocabulaire adopté, ces politiques n'ont pas l'ambition de régler le problème du chômage ou de l'inactivité de *toutes* les personnes assistées. En rétribuant le travail elles visent deux objectifs. D'une part, elles cherchent à agir sur les comportements des personnes qui choisissent l'inactivité plutôt que l'emploi. Elles permettent ainsi de lutter contre les trappes à inactivité. D'autre part, elles cherchent à améliorer la situation des personnes qui trouvent un emploi. Elles contribuent ainsi à lutter contre les trappes à pauvreté.

Les politiques de valorisation du travail ne sont pas le remède miracle permettant de guérir tous les maux du sous-emploi, car celui-ci résulte aussi d'une insuffisance des créations d'emplois, comme nous l'avons souligné dans le chapitre 3. Mais, bien conçues, elles peuvent s'avérer efficaces pour améliorer les perspectives d'un nombre significatif de chômeurs ou d'inactifs.

Une expérience canadienne

En 1992, les provinces du Nouveau-Brunswick et de Colombie-Britannique ont décidé de mener une expérience contrôlée pour voir si offrir un supplément de salaire substantiel à ceux qui trouvent du travail accroît le retour vers l'emploi. L'intérêt de l'expérience est qu'elle a concerné uniquement des personnes ayant *a priori* de grandes difficultés sur le marché du travail, puisqu'il s'agissait de familles monoparentales vivant depuis plus d'un an grâce aux minima sociaux. Dans cette population, un échantillon de 6 000 personnes a été tiré au sort. L'échantillon était très représentatif de ce groupe : il ne se composait pratiquement que de femmes, seule une personne sur neuf avait poursuivi des études au-delà du secondaire, près de 30 % déclaraient avoir des problèmes physiques ou psychologiques et pratiquement la moitié était prise en charge par le régime d'assistance depuis au moins trois ans (donc bien plus que les douze mois minimum requis pour être retenu pour l'expérience). Au sein de cet échantillon de 6 000 personnes, on a de nouveau tiré au sort un groupe test et un groupe témoin comprenant 3 000 personnes chacun.

L'expérience proprement dite consistait à verser pendant trois ans au maximum une prime à tous les membres du groupe test qui trouvaient un emploi dans l'année suivant leur entrée dans ce groupe. Cette prime, versée tous les mois, était importante puisqu'elle *doublait* pratiquement les revenus avant impôt d'un emploi payé au salaire minimum. Condition essentielle : la prime n'était accordée que pour les emplois à temps plein (concrètement, au moins 30 heures par semaine) afin de privilégier une sortie complète du système d'assistance. Pour cette raison, l'expérience fut baptisée *Self-Sufficiency Project* (SSP), ce qui en français peut se traduire par « projet d'autosuffisance ». Afin d'évaluer les effets de cette mesure de valorisation du travail, les membres du groupe témoin se trouvaient placés dans les conditions habituelles de recherche d'emploi, c'est-à-dire qu'ils ne percevaient aucune prime s'ils parvenaient à se faire embaucher.

Pour le reste, les 6 000 personnes sélectionnées avaient accès aux mêmes informations provenant des services de l'emploi quel que soit leur groupe d'appartenance [1].

Les enseignements du Self-Sufficiency Project

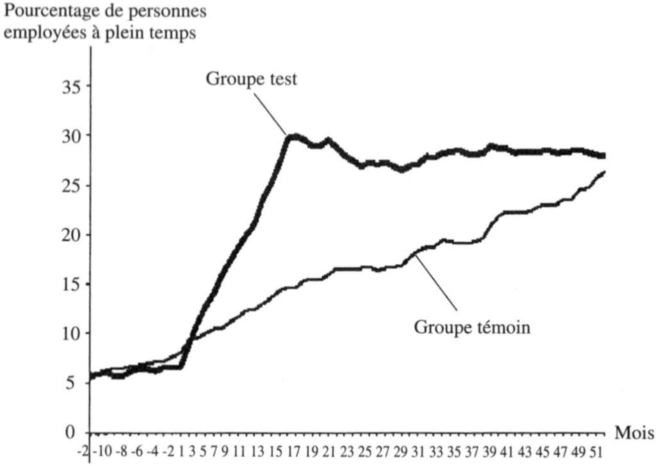

Le trait gras indique le pourcentage de personnes du groupe test ayant un emploi à plein temps. Le trait fin indique le pourcentage de personnes du groupe témoin ayant un emploi à plein temps.
Lecture : 13 mois après le début de l'expérience, le pourcentage de personnes employées à plein temps est de 30 % dans le groupe test et de 15 % dans le groupe témoin.
Source : Michalopoulos *et al.* (2002, page 29).

Le graphique ci-dessus décrit les principaux enseignements à retenir de l'expérience du SSP. La proportion des membres du groupe test ou du groupe témoin ayant un emploi à plein temps

1. La description de cette expérience et tous les résultats se trouvent dans le rapport final intitulé « *Making Work Pay. Final report on the Self-Sufficiency Project for Long Term Welfare Recipients* », réalisé sous la direction de Charles Michalopoulos et publié en juillet 2002 par le Social Research and Demonstration Corporation, Canada. Ce rapport est disponible sur www.srdc.org/english/publications/SSP54.htm.

était de 9 % un mois après le début de l'expérience. Cette proportion atteint respectivement 30 % pour le groupe test et 15 % pour le groupe témoin une année plus tard. La différence de 15 points de pourcentage entre les deux groupes sur une seule année donne la mesure de l'impact de la prime, car il faut se souvenir que, selon le protocole de l'expérience du SSP, les membres du groupe test ne reçoivent un supplément de salaire que s'ils trouvent un emploi *en moins d'un an*.

On constate aussi que le taux d'emploi du groupe test se maintient à peu près au même niveau, aux alentours de 28 %, à partir du quatorzième mois tandis que le groupe témoin rejoint pratiquement ce niveau à la fin des 54 mois de suivi de l'expérience. Ainsi, le groupe test « gagne » environ 40 mois (plus de trois ans) d'emploi par rapport au groupe témoin. La prime a donc accéléré très fortement le retour vers l'emploi. Étant donné la différence de 15 points enregistrée à la fin de la première année, on peut aussi en déduire qu'un écart significatif aurait subsisté entre les deux groupes si le droit à percevoir la prime avait été étendu à ceux qui retrouvaient un emploi plus d'un an après le début de l'expérience. On a aussi constaté que les salaires perçus par les membres du groupe témoin et du groupe test étaient les mêmes à la fin de la période de suivi de l'expérience. La prime n'a donc pas eu pour effet de faire baisser les rémunérations offertes à cette catégorie de personnes.

L'expérience du SSP a aussi montré le rôle primordial de l'information. Tous les participants ont reçu des messages sans ambiguïté de la part des organisateurs indiquant que ce programme avait pour but de favoriser le retour à l'emploi en rendant le travail « payant ». Chaque membre du groupe test savait précisément ce qu'il gagnait en retrouvant un emploi. Cet aspect du *Self-Sufficiency Project* a considérablement favorisé son succès [1].

1. Voir J. Greenwood et J.-P. Voyer, « Observations expérimentales sur le recours aux suppléments de revenu comme stratégie visant à rendre "le travail payant" », *Revue économique de l'OCDE*, n° 31, 2000, p. 52-79.

Si l'on prend en compte l'ensemble des coûts du programme (les suppléments de salaire versés pendant trois ans aux membres du groupe test ayant trouvé un emploi, les coûts administratifs du programme) et l'ensemble des gains (différence entre la somme des salaires perçue par le groupe test et celle perçue par le groupe témoin, économies réalisées par le régime d'assistance), il apparaît que l'expérience du SSP présente un bilan positif pour la société. Les gains collectifs sont probablement encore plus importants puisque divers examens pratiqués sur les enfants des parents appartenant au groupe test ont montré que leur santé et leurs capacités cognitives s'étaient plutôt améliorées pendant toute la durée de l'expérience. Ce point mérite d'être souligné, car un emploi à plein temps donne *a priori* moins de temps à un parent isolé pour s'occuper de ses enfants. Mais avoir un emploi permet vraisemblablement de mieux s'en occuper.

Il faut noter que cette expérience ne fournissait aucune aide particulière dans les démarches de recherche d'emploi. Cependant, une expérience parallèle, appelée *SSP-Plus*, a été menée sur un échantillon d'environ 600 personnes tirées au sort, parmi lesquelles on a de nouveau tiré au sort un groupe test de 300 personnes et un groupe témoin de 300 personnes. Les deux groupes bénéficiaient des mêmes conditions que le groupe test du programme général. En particulier, tout le monde avait droit au supplément de salaire s'il obtenait un emploi à plein temps, mais les membres du groupe test bénéficiaient en plus d'un accompagnement intensif pour la recherche d'un travail. Quatre ans après le début de l'expérience, le taux d'emploi du groupe test dépassait de plus de 7 points celui du groupe témoin. L'accompagnement à la recherche accroît donc les effets de la seule incitation financière. Une leçon à retenir.

Pour en rester à l'essentiel, l'expérience du SSP nous apprend qu'accroître l'écart entre les prestations qu'une personne est susceptible de recevoir en restant sans emploi et les revenus auxquels elle peut prétendre en trouvant du travail agit assez efficacement sur son attitude. En premier lieu, ce type de politique déplace la frontière des emplois « acceptables ». Un emploi qui aurait été refusé auparavant, parce que le salaire était trop faible, ou parce qu'il était trop éloigné géographiquement, ou parce que les horaires présentaient des inconvénients, ou pour toute autre raison, peut désormais être accepté. D'autre part, en accroissant les gains à exercer une activité, une politique de valorisation du travail augmente l'activité de recherche des personnes sans emploi. Elles deviennent plus nombreuses à chercher du travail et celles qui étaient déjà à la recherche d'un emploi exercent cette activité de façon plus intensive. Le déplacement de la notion d'emploi acceptable et l'intensification des activités de recherche se traduisent par une accélération du retour vers l'emploi, même, et peut-être surtout, pour des personnes ayant *a priori* des difficultés à se faire embaucher [1]. Dernière condition de succès pour ce type de politique : il ne suffit pas de rendre le travail payant, il faut le rendre *très* payant. Les comportements se modifient si les gains sont substantiels, pas s'ils sont marginaux.

L'expérience canadienne montre aussi qu'il ne faut pas tout attendre des politiques de valorisation du travail. L'accélération du retour vers l'emploi est significative, mais elle ne touche pas l'ensemble, ni même la majorité des personnes ayant participé à l'expérience. Néanmoins, si les politiques rendant le travail « payant » permettent d'augmenter de 5 ou 10 points de pourcentage la proportion de personnes assistées participant au marché du travail, il n'y a pas lieu de s'en priver.

---

1. Le *Self-Sufficiency Project* n'est pas la seule expérience contrôlée ayant cherché à tester les effets des incitations financières à la reprise d'emploi. La plupart des autres expériences de ce type se sont déroulées aux États-Unis, leurs conclusions rejoignent celles du *Self-Sufficiency Project.* Pour une vue d'ensemble, se reporter à l'article de Rebecca Blank, « Evaluating Welfare Reform in the United States », *Journal of Economic Literature,* vol. 40, n° 4, décembre 2002.

L'impôt négatif aux États-Unis et au Royaume-Uni

L'expérience canadienne n'est pas isolée. Pour lutter contre les trappes à inactivité, de nombreux pays ont mis en place des politiques consistant à accroître les gains financiers retirés des emplois à faible salaire. Ces politiques peuvent prendre plusieurs formes. La mesure la plus répandue est celle du crédit d'impôt, encore appelé « impôt négatif ». Dans son principe, elle consiste à accorder des réductions d'impôt à ceux qui acceptent de prendre un travail faiblement rémunéré. Le barème peut être conçu de manière à ce que la réduction dépasse le montant de l'impôt qui aurait dû être acquitté. L'administration fiscale verse alors directement la différence à la personne concernée, d'où l'expression d'« impôt *négatif* ». Les États-Unis ont mis en place depuis 1975 un impôt de ce type appelé *Earned Income Tax Credit* (EITC). Il est ciblé sur les foyers sans ressources dans lesquels au moins une personne travaille et tout particulièrement sur les foyers avec un ou plusieurs enfants. L'EITC apporte des suppléments de revenus très substantiels pour certains types de ménages. Ainsi, il est susceptible d'accroître de près de 40 % le revenu des ménages ayant au moins deux enfants et dont un seul membre travaille à temps plein au niveau du salaire minimum. Lorsque les deux conjoints d'un foyer comprenant au moins deux enfants travaillent à temps plein au niveau du salaire minimum, l'EITC reste significatif, puisqu'il apporte encore l'équivalent d'un dixième du revenu du ménage. Le montant de l'EITC devient nul pour les foyers avec au moins deux enfants lorsque les deux conjoints travaillent à temps plein au niveau du salaire médian. Le crédit d'impôt est beaucoup plus faible pour les foyers sans enfant quelles que soient leurs ressources. Environ un foyer sur cinq bénéficie de l'EITC à la fin de la décennie 1990, ce qui représente 20 millions de foyers [1].

---

1. Pour connaître en détail les dispositifs de l'EITC, voir Olivier Bontout, « L'*Earned Income Tax Credit*, un crédit d'impôt ciblé sur les foyers de salariés modestes aux États-Unis », *Économie et statistique*, n° 335, 2000, p. 27-46.

Le Royaume-Uni a aussi expérimenté l'impôt négatif depuis la fin des années 1970. La dernière mouture, introduite en 1999, porte le nom de *Working Families Tax Credit* (WFTC). Il s'agit d'un crédit d'impôt octroyé aux foyers avec enfants dont le plus jeune a moins de 19 ans et où au moins une personne travaille. Les impôts étant prélevés à la source au Royaume-Uni, ce crédit présente l'avantage d'apparaître directement sur la fiche de paie, soit sous la forme d'un supplément au salaire, soit sous la forme d'une baisse des impôts. Les conditions d'attribution et le mode de calcul des sommes versées sont assez complexes, mais le crédit d'impôt s'avère très important pour les foyers les plus défavorisés. Il peut être nettement supérieur au salaire direct. Ainsi, un foyer dont l'un des adultes travaille 16 heures par semaine au taux horaire de 3,6 £ perçoit un revenu salarial brut hebdomadaire de 57,6 £ et une aide nettement supérieure, égale à 92 £. Dans ce cas, l'aide représente 160 % du revenu brut ! Le WFTC est donc plus généreux que l'EITC, mais il est aussi plus ciblé puisque un foyer sur vingt en bénéficie [1].

L'impôt négatif, comme toute mesure de valorisation du travail, vise à attirer sur le marché du travail des personnes qui, sans cette mesure, ne trouveraient aucun ou pratiquement aucun gain financier à occuper un emploi. Mais il risque d'y avoir des effets allant à l'encontre de cet objectif. Pour les personnes vivant maritalement, en augmentant la somme des revenus du couple, l'impôt négatif peut inciter un des conjoints à diminuer ses heures de travail, voire même à abandonner son emploi (par exemple, pour s'occuper des enfants), ce qui serait évidemment paradoxal. Les évaluations menées outre-Atlantique et outre-Manche montrent que ces craintes sont loin d'être justifiées, même si l'EITC et le WFTC ont eu effectivement

---

1. Pour mieux connaître le WFTC, se reporter à l'article de Véronique Delarue, « Le *Working Family Tax Credit,* un nouveau crédit d'impôt pour les familles de travailleurs à bas revenus au Royaume-Uni », *Économie et statistique,* n° 335, 2000, p. 47-61.

tendance à diminuer légèrement la durée du travail moyenne des personnes en emploi.

Aux États-Unis, le taux d'emploi des femmes célibataires ayant un ou plusieurs enfants à charge a augmenté au cours de la décennie 1990-2000. Mais c'est le taux d'emploi des 25 % des plus pauvres d'entre elles – précisément celles qui ont le plus bénéficié des suppléments de revenus versés par l'EITC – qui a le plus augmenté, passant de 30 % au début de la décennie pour atteindre 50 % à la fin. Selon les estimations de David Ellwood, professeur à l'université de Harvard, il faut attribuer le tiers de cette hausse, soit tout de même 7 points de pourcentage, aux mesures ayant rendu le travail « payant ». Les deux autres tiers proviennent de l'amélioration des conditions économiques générales et des autres réformes du système fiscal et du régime d'assistance [1]. L'impôt négatif a donc joué un rôle non négligeable dans la hausse de l'emploi des femmes célibataires les plus défavorisées. Les diverses évaluations indiquent aussi qu'il est nécessaire d'introduire un crédit d'impôt suffisamment généreux pour obtenir des effets importants sur la participation au marché du travail des personnes faiblement diplômées.

En France, deux types de dispositifs ont été mis en place pour rendre plus attractifs les emplois à bas salaires. Le premier est un crédit d'impôt, qui porte le nom de *prime pour l'emploi*. Le second octroie des avantages financiers temporaires aux allocataires du RMI retrouvant du travail. Le mécanisme dit d'« intéressement » – qui permet de cumuler pendant douze mois le RMI avec une partie des revenus d'activité – et le *revenu minimum d'activité* (RMA) relèvent de ce second type de dispositif.

---

1. Voir David Ellwood, « Anti-poverty Policy for Families in the Nexth Century : from Welfare to Work and Worries », *Journal of Economic Perspectives*, vol. 14, n° 1, hiver 2000, p. 187-198.

La « prime pour l'emploi »

Depuis la loi du 30 mai 2001, proposée par le gouvernement de Lionel Jospin, la France possède aussi son impôt négatif. Il porte chez nous le nom assez évocateur de « prime pour l'emploi » (PPE). Il s'agit d'un crédit d'impôt au profit des personnes dont les revenus d'activité – il faut donc nécessairement avoir travaillé pour en bénéficier – sont compris entre 0,3 et 1,4 Smic, ce qui concerne environ un foyer sur quatre. L'introduction de la PPE part d'une intention louable. Cependant, sa mise en œuvre laisse à désirer et annihile vraisemblablement l'essentiel de son impact sur l'emploi [1].

Tout d'abord, la loi et le barème sont effroyablement complexes. Chacun peut en prendre connaissance en consultant la notice accompagnant la déclaration des revenus. Pour les revenus de l'année 2002, le barème comprend huit formules de calcul différentes selon les situations familiales et selon les revenus. Il est douteux que les bénéficiaires connaissent le montant de la prime qu'ils vont percevoir. Heureusement, les économistes (mais c'est leur métier) ont une vue plus globale de ces données : selon les estimations disponibles, le montant moyen perçu est de l'ordre de 144 € en 2001, ce qui sur une année entière est évidemment très faible. Les adaptations de la prime pour l'emploi en 2002 et 2003 ont très peu changé cette situation.

Les montants maxima de la prime sont aussi très modestes et en tous les cas nettement plus faibles que ceux de l'EITC et du WFTC. Ils atteignent moins de 5 % du revenu déclaré. Ce chiffre contraste fortement avec ceux de l'EITC et du WFTC pour lesquels les montants maxima des aides représentent respectivement près de 40 % et 160 % du revenu déclaré [2].

---

1. Pour plus de précisions, voir l'article de Pierre Cahuc, « À quoi sert la prime pour l'emploi ? », *Revue française d'économie*, vol. 16, janvier 2002, p. 3-61.

2. Même si l'aide apportée par le WFTC peut être amputée des deux tiers par des réductions d'autres prestations sociales, ce qui n'est pas le cas pour la prime pour l'emploi, le système britannique reste nettement plus généreux que celui adopté par la France.

Contrairement à ses homologues américain et britannique, l'impôt négatif à la française n'est pas particulièrement ciblé sur les foyers avec un ou plusieurs enfants. Pour ces derniers, il prévoit juste quelques versements supplémentaires, mais relativement faibles. Il s'adresse donc à un public assez large (pratiquement un foyer sur quatre peut en bénéficier). Ainsi, dans sa conception actuelle, la PPE distribue peu d'argent, mais à beaucoup de monde. Ce qui fait qu'en définitive son coût est très élevé. Le coût total de la mesure pour l'année 2001 est évalué à 1,15 milliard d'euros, soit à peu près un huitième du coût total des minima sociaux (composés du revenu minimum d'insertion, de l'allocation de parents isolés, de l'allocation aux adultes handicapés et du minimum vieillesse).

Ce que nous enseignent principalement les expériences étrangères est qu'il faut rendre le travail (très) payant pour que les incitations financières aient un impact significatif sur la participation au marché du travail et au retour vers l'emploi. Nous avons vu qu'en France, un emploi payé au Smic à plein temps peut, pour certaines configurations familiales, n'apporter qu'un avantage financier faible (voire faire perdre de l'argent) par rapport aux prestations versées par les régimes de solidarité nationaux ou locaux. La situation est encore plus grave pour un emploi à temps partiel. Certaines modifications intervenues en 2002 dans le dispositif de la PPE montrent que ce problème a été perçu par les pouvoirs publics, mais les montants de l'aide restent encore beaucoup trop faibles pour être véritablement incitatifs pour ce type d'emplois. En résumé, la PPE ne devrait avoir qu'un effet insignifiant sur le marché du travail pour un coût prohibitif. Elle permettra au mieux de redistribuer marginalement des ressources en faveur des bas revenus.

Si à l'avenir la PPE ambitionne d'être autre chose qu'une médiocre politique de redistribution, elle doit s'inspirer des expériences étrangères : cibler plus étroitement les bénéficiaires (par exemple les personnes ayant des enfants à charge) et verser des allocations beaucoup plus importantes. En outre, son barème est complexe à souhait et le décalage entre la prise d'un emploi et la perception de la prime est long. Un effort de clarté et de lisibilité est donc indispensable. De ce point de vue, le mieux serait de s'inspirer du dispositif britannique qui consiste à verser directement la prime par l'employeur lors du paiement du salaire.

Même si la PPE est réformée dans ce sens, elle ne résoudra pas à elle seule tous les problèmes d'emploi des personnes les plus défavorisées. Les politiques de valorisation du travail peuvent avoir des effets notables sur la participation et le retour à l'emploi, mais il reste toujours une proportion importante, voire majoritaire, de ces populations pour laquelle ces mesures n'ont aucun effet. L'expérience canadienne du *Self-Sufficiency Project* illustre bien ce constat. Une politique de valorisation du travail bien conçue est un des bons instruments de lutte contre le chômage et l'inactivité, mais ce n'est pas le seul. Elle peut être articulée, par exemple, avec des réductions de charges sociales sur les bas salaires.

Le revenu minimum d'activité

On peut voir la loi du 18 décembre 2003 instituant le revenu minimum d'activité (RMA) comme un complément à la prime pour l'emploi, ayant pour objet de favoriser la prise d'un emploi à temps partiel. Le RMA s'adresse aux allocataires du RMI. Il leur permet d'être embauchés dans le cadre d'un « contrat insertion-revenu minimum d'activité » dont la durée ne peut excéder 18 mois. L'emploi est nécessairement à temps partiel [1], mais d'une durée minimale de 20 heures hebdomadaires. Le RMA confère des avantages financiers à l'employeur et au salarié. L'employeur perçoit l'intégralité du RMI et bénéficie en plus d'un allègement de ses charges, ce qui place le coût du travail aux environs de 4,2 € de l'heure (pour un emploi de 20 heures par semaine). Ce coût

1. Un contrat est à temps partiel lorsque la durée de travail est inférieure à la durée légale ou conventionnelle.

est nettement inférieur à celui d'un emploi rémunéré au Smic, qui est de l'ordre de 7,4 € de l'heure, lorsque l'employeur bénéficie du montant maximal d'exonérations de charges patronales. De son côté, le salarié (dont le salaire horaire doit être au moins égal au Smic) ne paie pas les cotisations sociales sur la partie de son salaire égale au RMI. Pour 20 heures hebdomadaires, son salaire mensuel net est alors de 562 €, au lieu de 460 € avant la loi instaurant le RMA.

Comme un RMiste perçoit 411 € sans travailler, à première vue, le RMA accroît nettement les incitations à travailler à temps partiel, puisque le gain mensuel au-delà de ces 411 € bondit de 49 à 153 € pour 20 heures de travail hebdomadaire. Cependant, il est permis de douter de l'efficacité de l'ensemble du dispositif. En premier lieu, les incitations à travailler restent faibles : pour 20 heures payées au Smic, le RMA rapporte moins de 2 € de l'heure au salarié (153 € supplémentaires divisés par les 80 heures de travail mensuel) et ce, durant une période maximale de 18 mois. Les allocataires du RMI risquent de lui préférer le mécanisme existant dit d'« intéressement » qui leur permet de cumuler le RMI avec 100 % de leur revenu d'activité durant les trois premiers mois suivant une embauche, et avec 50 % de ce revenu pendant 9 mois supplémentaires. Ainsi, un RMiste employé 20 heures par semaine au Smic et bénéficiant de l'« intéressement » perçoit, pendant trois mois, 871 € par mois soit, chaque mois, 309 € *de plus* qu'avec le RMA, puis 641 € par mois durant les neuf mois suivants, soit, chaque mois, 80 € de plus qu'avec le RMA. Pour un allocataire du RMI, l'avantage du RMA est donc loin d'être évident. D'autre part, il n'est pas sûr que le dispositif du RMA incite vraiment les entreprises à créer des emplois durables. Tout d'abord, les allégements de charges, bien que très généreux, sont limités à une période de 18 mois et il y a des astreintes administratives spécifiques pour pouvoir embaucher dans le cadre du RMA. Il est vraisemblable que les entreprises ne conserveront pas la plupart des salariés au-delà de la période de 18 mois puisque le coût du travail s'élèvera alors brusquement de 4,2 à 7,4 € de l'heure. Elles préféreront embaucher de nouvelles personnes, toujours sur des « contrats insertion-revenu minimum d'activité », si l'administration le permet, ou bien ne pas embaucher du tout.

Ce tour d'horizon montre que les dispositifs existant à l'heure actuelle en France, pour rendre le travail payant, sont loin d'être satisfaisants. La juxtaposition des dispositifs (PPE, RMA, mécanisme d'« intéressement ») rend l'ensemble du système peu transparent et crée des avantages temporaires qui favorisent la précarité. Il serait préférable d'instituer un dispositif unique et permanent, offrant des avantages financiers importants pour la reprise d'emploi, là où ils sont nécessaires, c'est-à-dire au temps partiel, avec des allégements de charges patronales proportionnels au nombre d'heures travaillées. Mais quel que soit le dispositif choisi, son coût doit être financé.

Taxer les « riches » ?

Lorsqu'on aborde des problèmes de financement des dépenses publiques, il y a toujours quelqu'un pour proposer le remède miracle : faire payer les « riches » ! Cette solution est généralement rejetée en arguant qu'elle ferait fuir les personnes les plus efficaces hors de nos frontières, ce qui, finalement, aboutirait à réduire la richesse nationale. L'exemple de nos meilleurs joueurs de football, trouvant asile dans des pays dotés de systèmes fiscaux allégés, est fréquemment invoqué pour illustrer l'effet pervers d'une fiscalité accrue sur les hauts revenus. Arthur Laffer, un des conseillers économiques du président Reagan, a même affirmé que la hausse des taxes poussée au-delà d'une certaine limite finit par *réduire* l'activité et *diminue* les recettes fiscales.

De nombreuses études menées depuis une décennie ont fait beaucoup progresser nos connaissances sur la pertinence de ce fameux « effet Laffer [1] ». Jon Gruber et Emmanuel Saez ont analysé les conséquences des réductions d'impôts introduites par l'administration Reagan dans les années 1980 aux États-Unis [2]. Comme ces réductions n'ont pas touché toutes les tranches de revenus de la même manière, il est possible de repérer leur impact en comparant l'évolution des revenus des personnes ayant profité de faibles réductions d'impôts avec celle des personnes qui ont joui de réductions plus fortes. Jon Gruber et Emmanuel Saez montrent qu'une hausse des taux d'imposition des revenus les plus élevés modifie les comportements des personnes percevant ces revenus. Ils trouvent que les personnes gagnant plus de 100 000 $ par an paient *moins* d'impôts lorsque le taux d'imposition augmente, ce qui signifie qu'elles diminuent leurs activités ou qu'elles en délocalisent une partie [3]. Ce résultat n'est pas étonnant. Les personnes bénéficiant de revenus élevés sont généralement très qualifiées et disposent d'une épargne importante. Elles peuvent donc travailler moins ou, comme le font les footballeurs, aller vivre à l'étranger en emmenant leur épargne. Thomas

---

1. Ces études ont été initiées par Lawrence Lindsey, « Individual Taxpayer Response to Tax Cuts : 1982-1984, with Implications for the Revenue Maximizing Tax Rate », *Journal of Public Economics*, vol. 33, 1987, p. 173-206, et surtout Martin Feldstein, « The Effect of Marginal Tax Rates on Taxable Income : a Panel Study of the 1986 Tax Reform Act », *Journal of Political Economy*, vol. 103, 1995, p. 551-572.

2. Voir Jon Gruber et Emmanuel Saez, « The Elasticity of Taxable Income : Evidence and Implications », *Journal of Public Economics*, vol. 84, 2002, p. 1-32.

3. Ce résultat s'applique à partir d'un taux marginal supérieur à 63 %. Gruber et Saez estiment « l'élasticité du revenu imposable », e, à l'aide d'une équation du type $ln(y) = eln(1-t)$, où y désigne le revenu imposable et t le taux marginal de taxation. Les recettes fiscales supplémentaires induites par un accroissement de t sont égales à $ydt + tdy$. Comme la définition de e implique que $dy = -eydt/(1-t)$, l'accroissement des recettes fiscales est égal à $ydt - (teydt/(1-t))$. Cet accroissement est annulé pour un taux marginal égal à $1/(1+e)$. Gruber et Saez obtiennent, pour les revenus supérieurs à 100 000 $, une valeur de e de l'ordre de 0,6.

Piketty [1] s'est livré à un exercice analogue pour les titulaires de hauts revenus en France sur la période 1970-1996. Il s'intéresse aux 1 % des foyers qui gagnent les revenus les plus élevés. Il trouve que, dans cette population, les recettes fiscales sont peu sensibles aux changements de barème. Elles ne devraient commencer à diminuer que si le taux d'imposition devenait supérieur à 80 %, ce qui est très au-delà de la tranche supérieure de l'impôt sur le revenu (qui est de 49,58 % hors abattement pour les revenus perçus en 2002) [2].

On peut tirer deux leçons importantes de ces évaluations :

1. L'effet Laffer existe bel et bien, mais pour des taux de taxe et des revenus très élevés. Ainsi, rien n'indique que les taux d'impôt sur le revenu pratiqués en France ont pour effet de diminuer les recettes fiscales [3]. Il en résulte que les baisses d'impôt pratiquées depuis l'année 2000 en France ont réduit le budget de l'État et ont ainsi diminué les possibilités de redistribution des plus riches vers les plus pauvres. La réduction de l'impôt sur le revenu contribue à accroître les inégalités en France.

2. L'accroissement de l'impôt sur le revenu ne rapporte des ressources substantielles que s'il touche une population suffisamment large. Aujourd'hui, en France, seulement 1 % des foyers ont un revenu supérieur à 8 000 € par mois, et ces foyers totalisent environ 8 % de l'ensemble des revenus de l'économie française [4]. Prélever 10 % d'impôt en plus sur les tranches de revenus supérieurs à 8 000 € par mois (ce qui est

---

1. Thomas Piketty, « Les hauts revenus face aux modifications des taux marginaux supérieurs de l'impôt sur le revenu en France, 1970-1996 », *Économie et prévision*, n° 138-139, 1999, p. 25-60.

2. Piketty trouve une élasticité du revenu imposable de l'ordre de 0,2 pour les hauts revenus.

3. Tous les travaux menés sur ce thème confirment ce résultat. Voir, par exemple, l'allocution présidentielle faite en 2002 à la Société d'économétrie par Guy Laroque, professeur à l'École polytechnique, « Income Maintenance and Labor Force Participation », disponible sur http://www.crest.fr/Pageaccueil/index.html.

4. On trouvera des précisions sur ce thème dans l'ouvrage de Thomas Piketty, *Les Hauts Revenus en France au xxe siècle. Inégalités et redistribution, 1901-1998,* Grasset, 2001.

beaucoup) entraînerait une augmentation des recettes fiscales de l'ordre de 0,02 % du PIB (ce qui n'est pas grand-chose). Faire payer les riches rapporte peu. De plus, Thomas Piketty souligne qu'il n'est pas exclu qu'un « effet Laffer » apparaisse si la hausse des taux est poussée au-delà de ces 10 % supplémentaires. Dans ces circonstances, l'augmentation des impôts serait très inefficace, puisqu'elle aboutirait à diminuer les recettes fiscales. Les marges de manœuvre pour accroître les ressources fiscales en ne mettant à contribution que les foyers très riches sont donc étroites. La « morale » de ces raisonnements est que les personnes très riches… ne le sont pas assez ; ou qu'il n'y a pas assez de personnes très riches pour qu'une augmentation des taxes sur leurs revenus améliore vraiment l'état des finances publiques.

Nous avons souligné à plusieurs reprises que la mobilité des hauts revenus constitue une limite importante aux possibilités de redistribution. Or, dans la plupart des pays industrialisés, on assiste depuis près d'une décennie à un mouvement de baisse des taux d'imposition sur les revenus les plus élevés. Ce mouvement s'inscrit dans une logique de « concurrence fiscale » où chaque pays tente d'attirer les plus hauts revenus en proposant une fiscalité attractive. Se met ainsi en place un cercle vicieux, dans lequel chacun est obligé de diminuer ses taxes parce que les autres le font [1]. Trouver les ressources budgétaires que réclament des politiques de redistribution ambitieuses nécessiterait de sortir de ce cercle vicieux par une coordination internationale des politiques fiscales, en particulier au sein de l'Union européenne. Telle n'est pas la tendance actuelle.

Mais, dans tous les cas de figure, redistribuer les ressources suppose d'abord des prélèvements. Or, en France, la moitié des foyers a un revenu inférieur à 1 300 € par mois, et seulement 10 % des ménages déclarent un revenu supérieur à 3 500 € par mois. Accroître de 10 points le taux de l'impôt

1. Voir sur ce point, « La concurrence fiscale en Europe. Une contribution au débat », rapport de la commission des finances du Sénat, n° 483, 1999.

au-delà de ce revenu de 3 500 € par mois conduirait à une augmentation des recettes fiscales de l'ordre de 0,7 % du PIB, ce qui est peu comparé aux 44 % du PIB que représente l'ensemble des prélèvements obligatoires. Pour se donner les moyens d'une politique de redistribution ambitieuse, il faut ainsi qu'une très grande partie des ménages soit mise à contribution, y compris ceux ayant des revenus que beaucoup considèrent comme modestes. Hélas, il ne suffit pas de faire payer les riches.

En France, le travail n'est pas assez payant pour de nombreux allocataires des minima sociaux. Or rendre le travail payant est une condition nécessaire à la création et à la survie des emplois. C'est une condition tout aussi nécessaire que la maîtrise du coût du travail, examinée dans le chapitre précédent. Nous avons vu qu'il est possible de rendre le travail payant grâce à des systèmes fiscaux inspirés de l'impôt négatif, tels que la prime pour l'emploi, tout en maîtrisant le coût du travail peu qualifié, grâce à des allégements de charges sociales. Ces politiques doivent être poursuivies et mieux dirigées vers ceux qui en ont le plus besoin. Mais ces politiques ne garantissent pas à elles seules le bon fonctionnement d'un marché du travail en constante mutation. La gestion de ces mutations ne peut reposer uniquement sur la maîtrise des coûts de la main-d'œuvre et des incitations à participer au marché du travail. Il faut aussi assurer l'efficacité des mouvements d'emplois et gérer l'incertitude. Tel est l'objectif de l'assurance chômage, de la législation de la protection de l'emploi et des politiques de formation dont nous traitons dans les prochains chapitres.

5

Le chômage est utile

L'ampleur gigantesque des mouvements de main-d'œuvre dans la plupart des pays industrialisés fait que l'un des métiers les plus répandus dans nos sociétés est celui de… « chercheur d'emploi ». Ce métier est un des plus rentables pour la collectivité. Il assure la réallocation de la force de travail vers les emplois les plus efficaces et constitue ainsi une source essentielle de la croissance [1]. La recherche d'emploi est donc une activité économique utile. Il faut la rémunérer comme telle.

Cet aspect est rarement évoqué. Le plus souvent, on présente le chômage comme l'un des pires maux dont nos sociétés ne peuvent se défaire. Cette conception imprègne profondément certains systèmes d'indemnisation du chômage, en particulier le système français. Elle les oriente vers une logique d'assistance où le chômeur est avant tout considéré comme une victime. L'objectif principal de l'assurance chômage est alors de lui fournir un revenu décent. Cet objectif doit être maintenu. Mais cette conception très étroite du rôle de l'assurance chômage a des effets pervers. En négligeant l'aide et l'incitation à retrouver un emploi, elle oublie l'utilité sociale des mouvements de main-d'œuvre et tend à pérenniser un niveau de chômage excessif, source d'exclusion et d'inégalités.

1. Voir *supra*, chapitre 1.

L'utilité de la recherche d'emploi

À tout moment, il y a simultanément un très grand nombre de chômeurs à la recherche d'un travail et des employeurs ayant des postes vacants qui recherchent du personnel pour les occuper. Ainsi, en mars 2002, il y avait 2,6 millions de demandes d'emplois enregistrées auprès de l'ANPE. À cette époque, il y avait aussi chaque mois approximativement 7 offres enregistrées pour 10 demandes enregistrées. Devant ces chiffres, on pourrait penser qu'offres et demandes ne concernent pas les mêmes métiers, et la présence simultanée, en si grand nombre, de chômeurs et d'emplois vacants n'aurait rien d'étonnant. Mais tel n'est pas le cas. Il y a dans chaque famille professionnelle, même à un niveau de nomenclature très détaillé, un nombre important de chômeurs qui cohabitent avec un nombre important d'emplois vacants.

Prenons l'exemple des bouchers, charcutiers et boulangers. Ils étaient environ 12 000 demandeurs d'emplois inscrits auprès de l'ANPE au premier semestre de l'année 2002. Au cours du même semestre, les entreprises du secteur de l'hôtellerie, de la restauration et du commerce avaient déposé environ 16 800 offres d'emplois de bouchers, charcutiers et boulangers auprès de l'ANPE. Dans cette famille professionnelle, il y a donc 14 offres pour 10 demandes. Prenons maintenant l'exemple des agents d'entretien. Ils étaient environ 189 000 à s'être inscrits auprès de l'ANPE au premier semestre de l'année 2002. Au cours du même semestre, les entreprises du secteur des services aux particuliers avaient enregistré environ 132 000 offres d'emplois pour des agents d'entretien. Dans cette famille, il y a ainsi 7 offres pour 10 demandes (ce qui reproduit d'ailleurs la moyenne nationale).

Cette présence simultanée d'un nombre impressionnant d'emplois vacants et de chômeurs dans la plupart des métiers signifie qu'un « appariement » (c'est-à-dire la rencontre d'un employeur et d'un chômeur se concluant par une embauche) ne se réalise pas aussi simplement qu'on aurait pu l'imaginer. La raison est que, aujourd'hui encore plus qu'hier, un appariement demeure très spécifique. Un agent d'entretien n'accepte pas n'importe quelle offre d'emploi entrant dans son domaine de compétence. De nombreux éléments guident son choix. La localisation de l'emploi bien sûr, mais aussi le salaire proposé, les conditions de travail, les horaires, la réputation générale de l'entreprise, les perspectives de carrière, etc. Réciproquement, un employeur recherchant un agent d'entretien n'embauche pas nécessairement la première personne se présentant à lui. Il peut tenir compte de l'expérience professionnelle, de l'adéquation entre les tâches qu'il voudrait voir accomplies et de ce qu'il croit être dans les possibilités du postulant, de sa plus ou moins grande disponibilité pour des opérations imprévues, de l'intégration dans le fonctionnement et les règles propres à l'entreprise, voire de la sympathie ou de l'antipathie qu'il ressent lors de ce premier contact.

Toutes ces informations ne sont évidemment pas connues au moment où le chômeur et l'employeur débutent leurs recherches respectives. Ces dernières visent précisément à révéler ces informations *a priori* cachées ou connues d'un seul des protagonistes. L'activité principale d'un chômeur est la quête d'informations et cette quête prend du temps, parfois même beaucoup de temps et, en France, vraisemblablement trop de temps. Ainsi, au mois de mai 2002, un demandeur d'emploi sort des fichiers de l'ANPE en moyenne 230 jours après son inscription et cette durée s'élève à 385 jours s'il a plus de 50 ans. Le nombre des chômeurs de très longue durée souligne encore plus l'importance des problèmes d'appariement : il y avait en mai 2002 environ 135 000 personnes inscrites à l'ANPE depuis trois ans et plus [1].

1. Ces chiffres concernent les sorties des demandeurs d'emploi dits de « catégorie 1 », c'est-à-dire les personnes inscrites à l'ANPE déclarant être à la recherche d'un emploi à temps plein et à durée indéterminée, ayant éventuellement exercé une activité réduite d'au plus 78 heures dans le mois. De plus, une sortie des

La longueur de ces délais traduit éloquemment les nombreuses difficultés que rencontre un chômeur dans sa recherche d'un emploi. Il est frappant de constater que de nombreux employeurs déclarent aussi rencontrer des difficultés à recruter les personnels dont ils ont besoin. L'enquête « Anticipations des entreprises » réalisée par l'ANPE au cours de l'année 2000 auprès d'un échantillon de plus de 12 000 établissements indique que 36 % des établissements *qui voulaient embaucher* y ont renoncé (au moins temporairement). Elle montre aussi que ces difficultés touchent tous les secteurs d'activité avec plus ou moins d'intensité. Le secteur de la construction rencontre le plus de difficultés avec une proportion de 59 % des établissements ayant renoncé à embaucher alors qu'ils voulaient le faire. La proportion la plus faible est atteinte avec 26 % dans le secteur des activités financières et immobilières et dans celui des services aux entreprises [1]. Il n'y a donc, en général, pas de « pénuries d'emplois », mais il y a toujours des difficultés d'appariement. Ce qui n'est pas la même chose.

De façon synthétique, les difficultés d'appariement sont résumées par le rapport entre le nombre de chômeurs et le nombre d'emplois vacants. Par exemple, s'il y a 14 offres d'emplois de bouchers pour 10 demandes, et 7 offres

---

fichiers de l'ANPE n'est pas synonyme de reprise d'emploi. Une entrée en stage, un arrêt des recherches pour cause de maternité, maladie ou de départ à la retraite, une absence au contrôle et la radiation administrative sont autant de motifs de disparition des fichiers de l'ANPE. Les reprises d'emploi déclarées représentent seulement environ un quart des sorties de l'ANPE (une part des radiations et des absences au contrôle correspondent à des reprises d'emploi non déclarées). En réalité, une sortie de l'ANPE correspond à peu près une fois sur deux à une reprise d'emploi (voir DARES, *Premières Informations,* n° 11.1, mars 2003). Il en résulte que la durée moyenne du chômage dépasse en fait les 230 jours, elle est estimée à environ 15 mois pour les hommes et 16 mois pour les femmes.

1. Jean-Louis Zanda, « Les employeurs qui rencontrent des difficultés pour embaucher », *Les Cahiers de l'observatoire de l'ANPE,* mars 2001, p. 27-52.

d'emplois d'agents d'entretien pour 10 demandes, les bouchers au chômage devraient avoir moins de difficultés pour retrouver un emploi que les agents d'entretien dans la même situation. En moyenne, un boucher reste moins longtemps au chômage qu'un agent d'entretien. Mais ni l'un, ni l'autre ne peuvent se dispenser de chercher activement un emploi. De nombreuses études ont examiné les conditions rendant cette recherche la plus efficace possible pour le chômeur et pour la société dans son ensemble. Une durée très brève n'est pas forcément le signe d'une efficacité supérieure, car la qualité des appariements réalisés risque d'être médiocre, ce qui ne contribue pas à élever la quantité et la qualité de la production globale de biens et services, et donc le « bien-être » du citoyen moyen. De telles situations peuvent se rencontrer lorsque l'assurance chômage est trop faible. Dans ce cas, les chômeurs sont prêts à accepter des emplois qui ne leur conviennent pas, car ils n'ont pas d'autre choix s'ils veulent subvenir à leurs besoins les plus élémentaires. Daron Acemoglu, professeur au Massachusetts Institute of Technology, et Robert Shimer, professeur à l'université de Princeton, pensent que l'économie des États-Unis a souffert de ce défaut dans les années 1990 [1]. Durant cette période, le taux de chômage et la durée moyenne de recherche d'un emploi étaient particulièrement faibles. Selon leurs simulations, une (petite) hausse de la durée du chômage aurait pu être bénéfique pour le consommateur moyen. Elle aurait certes accru un peu le nombre de chômeurs, mais l'amélioration de la qualité des appariements aurait permis de compenser cet effet négatif. Il en aurait résulté un accroissement sensible de la productivité du travail, ce qui aurait permis, *in fine*, d'accroître la production globale de biens et services.

Il ne faudrait pas conclure sur la base de cette simulation qu'une très longue durée de chômage est un signe de bonne santé. Aucune étude ne vient étayer cette idée. Les pays où la

1. Voir leur article « Productivity Gains from Unemployment Insurance », *European Economic Review*, n° 44, 2000, p. 1115-1125.

durée du chômage est très longue n'ont pas une productivité supérieure aux autres. Au contraire. À ce titre, la France, où l'ancienneté moyenne au chômage est supérieure à *quinze mois*, est dans une situation particulièrement défavorable [1]. La très longue durée du chômage est le révélateur d'une inefficacité profonde des institutions guidant la recherche d'emploi. Les expériences de nombreux pays étrangers nous apprennent que réduire cette inefficacité est parfaitement possible. Et elles nous indiquent aussi comment s'y prendre.

Indemnisation et durée du chômage

L'assurance chômage est souvent mise en cause de façon contradictoire. D'un côté, nombreux sont ceux qui soutiennent que les allocations versées sont trop faibles et ont une durée insuffisante. De l'autre, certains affirment connaître des chômeurs ne cherchant pas réellement d'emploi tant qu'ils perçoivent des allocations et en concluent que le système est trop généreux. Les études disponibles montrent que ces positions ne sont pas aussi opposées qu'elles pourraient le paraître de prime abord.

Pour savoir si les chômeurs profitent de l'assurance chômage de façon inconsidérée, on peut observer leur comportement au moment où ils perdent le droit à l'assurance chômage [2]. Si tous les chômeurs trouvent immédiatement un emploi lorsqu'ils cessent de percevoir leurs allocations, on peut suspecter qu'il leur aurait été possible de sortir plus vite du chômage. De très nombreuses études ont mis en lumière l'impact de la baisse des allocations sur la reprise d'un emploi. Leur stratégie consiste à utiliser des enquêtes permettant de calculer la proportion de chômeurs qui retrouvent

---

1. En mars 2000.
2. Dans la très grande majorité des pays industrialisés, l'assurance chômage verse une allocation pour une durée limitée, les chômeurs relèvent ensuite d'un régime d'assistance qui verse des prestations de moindre montant.

un emploi en fonction de leur ancienneté dans le chômage. L'étude de Brigitte Dormont, Denis Fougère et Ana Prieto [1], qui porte sur le marché du travail français à la fin des années 1980 et dans les années 1990, résume bien les résultats obtenus dans ce domaine. Ils sont illustrés par le graphique ci-dessous qui indique la proportion de chômeurs trouvant chaque jour un emploi en fonction de leur propre ancienneté dans le chômage. La barre verticale à quatorze mois correspond au moment où les chômeurs arrivent en fin de droits et sont donc confrontés à une chute de revenus. Le graphique de gauche se rapporte aux personnes percevant les plus bas salaires (situés dans le premier quart de la distribution) et celui de droite concerne celles dont les salaires sont les plus élevés (situés dans le dernier quart de la distribution). Le graphique montre clairement que le retour vers l'emploi s'accélère à l'approche de la fin des droits à l'allocation chômage.

Taux de reprise d'emploi entre 1986 et 1992
pour les individus âgés de plus de 25 ans

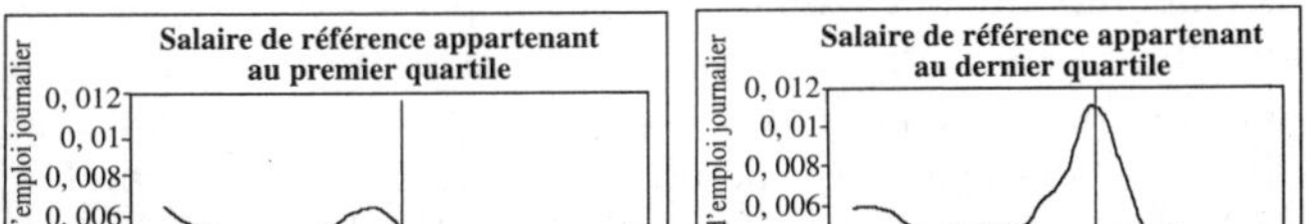

Source : Brigitte Dormont, Denis Fougère et Ana Prieto, « The Effect of the Time Profile of Unemployment Insurance Benefits on Exit from Unemployment », art. cit.

1. « The Effect of the Time Profile of Unemployment Insurance Benefits on Exit from Unemployment », *CREST Working Paper*, 2000, disponible sur http://www.crest.fr. Voir aussi leur article « L'effet de l'allocation unique dégressive sur la reprise d'emploi », *Économie et statistique*, n° 343, 2001, p. 3-28.

Plus généralement, les études portant sur les effets des allocations versées aux chômeurs dégagent trois enseignements principaux.

1. Une forte diminution de l'allocation chômage pousse une partie des chômeurs à retrouver rapidement un emploi. Une partie des chômeurs ne cherche donc pas véritablement un emploi ou n'accepte les offres qu'à la fin de la période donnant droit au versement de cette allocation [1].

2. L'impact positif de la perte de l'allocation chômage sur le retour vers l'emploi est plus marqué pour les individus les plus qualifiés, qui perçoivent les rémunérations les plus élevées. On s'aperçoit, en effet, que leur taux de sortie du chômage double lors de l'approche de la fin de droits (graphique de droite), alors que celui des personnes percevant les rémunérations les plus basses s'accroît seulement de moitié (graphique de gauche). Les personnes les plus qualifiées disposent d'une marge de manœuvre plus importante, leur permettant d'exploiter au mieux les revenus de l'assurance chômage.

3. Une partie des chômeurs ne retrouve pas d'emploi après le quatorzième mois, alors que l'allocation chômage a été considérablement diminuée. Une fois passé ce délai, le taux de retour vers l'emploi est inférieur à celui prévalant avant la date de fin de droits. Il existe donc une proportion importante de chômeurs ayant peu de chances de retrouver un emploi, indépendamment du niveau de l'allocation chômage.

Ces enseignements montrent avant tout que la population des chômeurs est très hétérogène. Il y a sans doute des chômeurs qui profitent du système et d'autres qui le subissent. Or les personnes qui ne cherchent pas activement un emploi le font au détriment des autres. Si elles sortaient plus vite du chômage, il serait possible de mieux indemniser les personnes les plus démunies pour une même dépense totale.

---

1. En fait, les données disponibles montrent que les taux de refus d'offres d'emploi de la part des chômeurs sont très faibles et varient peu. C'est donc vraisemblablement la recherche d'emploi qui s'intensifie avant la période de fin de droits.

Plutôt que d'« affamer les chômeurs », il faut chercher à élaborer un système juste et efficace, en rétribuant et en guidant la recherche d'emploi. De ce point de vue, un retour historique sur l'expérience des syndicats à la fin du XIXe siècle est instructif.

Un engagement mutuel

L'existence de syndicats professionnels est reconnue en France par la loi du 21 mars 1884. L'article 6 de cette loi dispose qu'ils « pourront librement créer et administrer des offices de renseignements pour les offres et demandes de travail ». D'emblée, le rôle d'agence de placements est ainsi mis en avant. Il faut noter qu'il n'y pas de paritarisme. La gestion et le financement des activités de placement sont pris en charge par les seuls syndicats ouvriers. Les patrons n'y participent pas. Les syndicats les plus riches ont d'ailleurs eu en permanence un représentant chargé de centraliser les demandes et les offres de travail à la fin du XIXe siècle. Mais ces cas sont assez rares et les services de placement et de renseignements ont été progressivement pris en charge par les Bourses du travail, qui réunissaient les syndicats d'une même zone géographique, mais de professions différentes (la Bourse du travail de Paris a commencé à fonctionner en 1887).

L'exemple de la puissante Fédération du livre illustre bien comment ce rôle d'agence de placement est conçu. Il repose sur un principe simple : les aides aux adhérents chômeurs ne sont versées qu'après un contrôle rigoureux de leur activité de recherche d'emploi. À la fin du XIXe siècle, ces aides sont principalement des indemnités de déplacements – appelées *viaticum* – devant permettre aux travailleurs privés d'emploi de séjourner dans une localité le temps nécessaire à la visite des ateliers et, s'ils ne parviennent pas à se faire embaucher, de gagner une localité voisine. Le droit de percevoir le *viaticum* est soumis à des conditions drastiques. En particulier, il faut avoir acquitté régulièrement ses cotisations auprès de la Fédération du livre ; un travailleur ayant abandonné volontairement son emploi ne reçoit rien pendant les deux mois (une « éternité » pour l'époque) suivant la date de son départ. Le montant du *viaticum* dépend de la distance que doit parcourir le fédéré et son versement est journalier.

La Fédération du livre disposait d'un personnel spécialisé, des « secrétaires », dont la tâche consistait à contrôler l'activité de ces chômeurs « voyageurs ». L'article 30 du règlement de la Fédération du livre précise le contenu de ce contrôle :

> Une feuille type, contenant le nom de toutes les imprimeries de la ville, sera remise au voyageur par les soins du secrétaire ; cette feuille, signée du préposé de chaque atelier, devra être retournée au secrétaire pour prouver que le fédéré s'est rendu dans tous les ateliers typographiques de la localité. Après la remise de cette feuille, le visa de départ sera apposé sur le livret. Les fédérés voyageurs ne devront faire aucune démarche dans les ateliers avant de s'être rendu auprès du préposé au *viaticum* ou d'un membre du bureau de la section, et ce, sous peine de privation du *viaticum* [1].

Le contrôle des activités de recherche du chômeur est donc absolu. C'est le secrétaire du syndicat qui lui indique tous les employeurs de la localité qu'il doit visiter. Il ne peut faire aucune recherche sans en référer au secrétaire. Si le fédéré ne parvient pas à se faire embaucher dans cette localité, ce n'est qu'après avoir administré la preuve qu'il a bien visité toutes les imprimeries de la ville qu'il reçoit un nouveau *viaticum* pour aller dans une autre localité. La possibilité d'être privé du *viaticum* est explicite.

Le *viaticum* doit être distingué des indemnités de chômage proprement dites. Ces dernières sont attribuées à un tra-

1. J.-B. Séverac, « Le mouvement syndical », dans Compère-Morel (dir.), *Encyclopédie socialiste syndicale et coopérative de l'Internationale ouvrière,* Aristide Quillet, 1913, p. 111. La plupart des indications historiques de cette partie sont extraites de cette *Encyclopédie.* L'histoire du système d'indemnisation du chômage en France depuis 1884 est très bien relatée dans Christine Daniel et Carole Tuchszirer, *L'État face aux chômeurs*, Flammarion, 1999.

vailleur privé d'emploi ou malade, mais désirant retrouver un travail sans changer de localité. Elles ne sont donc pas cumulables avec le *viaticum*. Leurs conditions d'attribution n'en sont pas moins pointilleuses. Pour y avoir droit, il faut être adhérent et en règle de ses cotisations depuis au moins un an. La durée de versement des indemnités est fonction du nombre d'années d'adhésion ininterrompues au syndicat. Pour qu'un adhérent privé d'emploi ait le droit de percevoir les indemnités, la nature *involontaire* du chômage doit être établie par une attestation écrite émanant du patron de la maison qui l'employait et certifiée par une ou plusieurs personnes membres du syndicat et travaillant dans cette maison. De plus, l'article 43 des statuts de la Fédération du livre précise que « les chômeurs, exceptions faites pour les fédérés malades, devront [...] accepter toute place qui leur aura été indiquée. [...] Tout chômeur qui refuserait de se rendre à la place qui lui aura été indiquée, ou qui, par sa négligence, abandonnerait ou perdrait cette place sera privé de son droit aux indemnités pendant les quinze jours qui suivront l'offre d'emploi. Les fédérés chômeurs sont tenus de signer chaque jour [...] le livre de présence [1] ».

En d'autres termes, l'ensemble du processus de recherche d'un emploi est entièrement géré par le syndicat et laisse une très faible marge de manœuvre au chômeur fédéré. On a du mal à imaginer qu'un système aussi contraignant pour ses propres adhérents ait pu être conçu et géré par un syndicat ouvrier. Cet encadrement complet des chômeurs, en excluant toute démarche individuelle non contrôlée, permettait de maintenir, voire d'augmenter le niveau des salaires dans les métiers de l'imprimerie. Au-delà de ce motif, il faut retenir de cette expérience passée que le versement des indemnités est subordonné à un engagement mutuel. L'agence de placement (le syndicat, en l'occurrence) fournit une aide réelle au chômeur qui, en contrepartie, a l'obligation d'effectuer les recherches qui lui sont demandées. Le syndicat aide le chômeur en lui indiquant les employeurs potentiels et le

---

1. J.-B. Séverac, « Le mouvement syndical », art. cit., p. 115.

chômeur est obligé ensuite d'aller les rencontrer dans un temps limité sous peine d'être sanctionné.

Les systèmes d'indemnisation du chômage qui, dans le monde actuel, ont fait la preuve de leur efficacité, suivent ce principe d'engagement mutuel. L'examen de ce que deux petits pays européens, la Suisse et les Pays-Bas, ont réalisé en la matière va nous permettre de préciser les modalités concrètes de ce principe contractuel. En substance, il apparaît qu'un système *crédible* de contrôle des activités de recherche d'un chômeur est nécessaire. Mais cette condition n'est pas du tout suffisante. En particulier, si les services publics de l'emploi ne remplissent pas leur part du contrat, qui consiste à fournir une aide réelle au chômeur, et se contentent simplement de les contrôler, le système perd alors toute efficacité.

La Suisse ou l'importance de la crédibilité

En Suisse, comme ailleurs, le versement des indemnités prévues par le système d'assurance chômage est soumis à des conditions d'éligibilité. En l'occurrence, il s'agit d'avoir cotisé pendant au moins six mois au cours des deux années précédant l'inscription au registre du chômage. Mais ces conditions sont supprimées pour ceux qui sortent du système éducatif ou de prison, et pour ceux ou celles qui ont gardé leurs enfants. Au regard des autres pays de l'OCDE, les indemnités sont relativement « généreuses » puisqu'elles se situent entre 70 % et 80 % du dernier salaire. Elles peuvent être perçues pendant deux ans. Après cette période, le chômeur est pris en charge par le système d'assistance qui, lui aussi, est relativement généreux (par exemple, une personne célibataire sans ressources ne perd « que » 25 % de ses indemnités en passant du régime d'assurance au régime d'assistance).

Pendant toute la durée du chômage, le versement des indemnités est soumis à des conditions précises.

Chaque mois, le chômeur est obligé de faire acte de candidature à des emplois « convenables ». La notion d'emploi convenable recouvre plusieurs critères, parmi lesquels ne pas être à plus de deux heures de transport du domicile et offrir un salaire au moins égal aux deux tiers du dernier salaire perçu par le chômeur. Les emplois potentiels peuvent être trouvés par le chômeur lui-même ou proposés par les services publics de l'emploi. Ces derniers fixent également le nombre minimum de candidatures mensuelles auxquelles doit satisfaire le chômeur.

Les activités de recherche d'un chômeur sont suivies par la même personne des services publics de l'emploi. Le chômeur doit rencontrer cette personne au moins une fois par mois pour faire le bilan de ces activités et définir les actions à entreprendre à l'avenir. De plus, il doit accepter tout programme de formation auquel il pourrait éventuellement être assigné.

Si le chômeur ne respecte pas toutes ou une partie de ces obligations, il reçoit une notification lui demandant de fournir les raisons de ces manquements dans un délai très court (de l'ordre d'une quinzaine de jours). Cette notification précise aussi les sanctions qu'il encourt si les raisons invoquées ne sont pas jugées recevables. Les sanctions consistent en une suspension du versement des indemnités pendant une durée plus ou moins longue selon le motif. Si le chômeur n'a pas respecté le nombre minimum de candidatures prévues, la suspension se situe entre 1 et 15 jours. Mais elle peut atteindre 30 jours si le chômeur ne s'est pas rendu à l'entretien mensuel et même 60 jours s'il a refusé un emploi « convenable ».

Résumons l'essentiel des propriétés du système suisse d'indemnisation du chômage : des allocations élevées (aussi bien dans le régime d'assurance que dans le régime d'assistance), une définition précise de la notion d'emploi *convenable*, des obligations de candidatures à ce type d'emplois, une aide personnalisée intensive (au moins une rencontre mensuelle) permettant de faire le bilan du passé et d'établir la liste des actions que le chômeur doit entreprendre à l'avenir et, enfin, une description explicite des sanctions encourues en cas de non-respect des engagements prévus. Face à toutes ces contraintes, une question vient à l'esprit : sont-elles toutes bien nécessaires ? La réponse est oui.

L'efficacité de ce système, qui conjugue une aide personnalisée intensive à des sanctions crédibles, a pu être mise en évidence en exploitant le fait que la gestion effective du système d'indemnisation du chômage se fait de manière décentralisée au niveau des agences locales. Il en résulte une certaine différence dans l'application des sanctions tenant à l'interprétation que chaque canton fait de la loi fédérale, des lourdeurs administratives et de la « culture » propre à chaque canton. Ainsi, en décembre 1998, sur l'ensemble de la Suisse, 19 chômeurs sur 1 000 ont été sanctionnés. Mais certains cantons n'ont prononcé aucune sanction, tandis qu'un canton a atteint un taux de sanction de 91 chômeurs sur 1 000. À l'aide d'un fichier très détaillé décrivant précisément tout ce qui a pu arriver aux personnes devenues chômeurs entre septembre 1997 et mars 1998 et suivies jusqu'en mai 1999, une équipe composée de chercheurs des universités de Zurich et de Tilburg a exploité les différences de gestion locale pour évaluer les effets des diverses facettes du système suisse d'indemnisation du chômage [1]. En se fondant sur la plus ou moins grande fréquence des avertissements et des sanctions effectivement infligées compte tenu de l'historique des parcours des chômeurs, ils ont pu construire un indicateur de la *crédibilité* du système de sanction propre à chaque agence. S'il n'a pas rempli ses obligations, un chômeur inscrit auprès d'une agence ayant un indicateur élevé a plus de chances d'être sanctionné que s'il est inscrit auprès d'une agence où l'indicateur est faible.

---

1. Cette analyse des effets de l'assurance chômage en Suisse s'appuie sur les travaux de Rafael Lalive, Jan Van Ours et Josef Zweimüller relatés dans « The Effect of Benefit Sanctions on the Duration of Unemployment », *IZA Discussion Paper*, n° 469, avril 2002, disponible sur www.iza.org.

Les résultats de cette étude ne souffrent d'aucune ambiguïté : les sorties du chômage sont d'autant plus élevées que le degré de crédibilité des sanctions est élevé. Cela signifie qu'un chômeur inscrit dans une agence où l'indicateur de crédibilité des sanctions est élevé reste en moyenne moins longtemps sans emploi qu'un chômeur pris en charge par une agence où cet indicateur est faible. Il faut noter que cette conclusion concerne l'*ensemble* des chômeurs et pas seulement ceux ayant été effectivement sanctionnés. La crédibilité des sanctions a une action positive sur tous les acteurs. Elle agit sur les comportements des chômeurs, mais aussi sur ceux des agents des services de l'emploi dont les responsabilités vis-à-vis des chômeurs deviennent plus grandes et qui sont, de la sorte, plus motivés. L'efficacité de tout le processus de recherche d'emploi s'en trouve améliorée.

La possibilité d'être effectivement sanctionné rend tout le système *crédible*. L'analogie avec le comportement d'un conducteur d'automobile est éclairante. Imposer une limitation de vitesse en sachant qu'il n'y aura pas, ou très peu, de contrôles enlève toute crédibilité à la mesure. Le système restera inefficace : la limitation de vitesse ne sera pas respectée et il y aura toujours autant de morts sur les routes. En revanche, si la probabilité des contrôles de vitesse est importante *et* si les sanctions prévues en cas de dépassement sont appliquées, la plupart des automobilistes adapteront leur comportement en conséquence. Il y aura moins de morts sur les routes… et peu de conducteurs seront sanctionnés.

L'effet de crédibilité du système de contrôle est confirmé par d'autres études. Au Royaume-Uni, on a testé l'impact d'un entretien supplémentaire, obligatoire sous peine de sanction, entre un chômeur et l'assistant en charge de son dossier dans le cadre du programme *Restart* mis en place à la fin des années 1980. Une expérience contrôlée a consisté à comparer les comportements de chômeurs convoqués à cet entretien supplémentaire (le groupe test) et d'autres qui ne l'étaient pas (le groupe témoin). On a constaté que le taux de sortie du chômage augmentait fortement parmi le groupe test *après* la réception de la lettre enjoignant ses membres à se rendre à cet entretien supplémentaire et leur expliquant l'ensemble du dispositif d'aide, de contrôle et de sanctions prévus par le programme, mais *avant* même que le premier entretien n'ait eu lieu [1]. Une étude américaine menée à partir des fichiers de sorties du chômage dans l'État du Kentucky entre octobre 1994 et juin 1996 aboutit à la même conclusion : le taux de sortie du chômage augmente significativement dans l'intervalle de temps séparant la réception de la lettre convoquant les chômeurs et la date de l'entretien si celui-ci est obligatoire et assorti de sanctions [2].

Les Pays-Bas : de l'inefficacité des sanctions sans contreparties

Aux Pays-Bas, il faut avoir travaillé au moins 26 semaines dans les 39 semaines précédant la date d'entrée au chômage pour bénéficier du régime d'assurance chômage. Les personnes non éligibles à ce régime d'assurance reçoivent pendant six mois 70 % du salaire minimum, tandis qu'un chômeur ayant épuisé tous ses droits est pris en charge par un système d'assistance et reçoit des allocations qui dépendent du revenu du ménage. Pour les demandeurs d'emploi bénéficiant du régime d'assurance chômage, les indemnités s'élèvent à 70 % du dernier salaire et leur durée de versement dépend du temps pendant lequel le chômeur a travaillé auparavant. Approximativement, chaque tranche de dix années de travail donne droit à une année d'indemnités. Lorsque cette

1. Cette expérience contrôlée et ses résultats sont relatés en détail dans l'article de Peter Dolton et Donald O'Neill, « Unemployment Duration and the Restart Effect : Some Experimental Evidence », *The Economic Journal,* vol. 106, n° 435, mars 1996, p. 387-400.

2. Voir D. Black, J. Smith, M. Berger et B. Noel, « Is the Threat of Reemployment Services more Effective than the Service themselves ? Experimental Evidence from the UI system », *NBER Working Paper*, n° 8825, 2002.

période s'achève, le chômeur peut encore recevoir 70 % du salaire minimum pendant deux ans (s'il avait moins de 57,5 ans le jour de son entrée en chômage).

Comme en Suisse, la recherche d'un emploi se déroule dans des conditions très précises.

Un chômeur indemnisé doit rechercher activement un emploi et doit accepter toute offre d'emploi *convenable.* Il est aussi tenu de participer aux programmes de formation que lui imposent les services publics de l'emploi. Il doit faire parvenir un rapport *hebdomadaire* relatant ses activités de recherche (les courriels sont acceptés). Chaque mois, le chômeur a un entretien avec l'agent des services publics chargé du suivi de son dossier. À cette occasion, l'agent s'assure que toutes les obligations ont bien été respectées. Si ce n'est pas le cas, une réduction des indemnités peut être envisagée (elle n'est pas automatique). Si les recherches prévues n'ont pas été faites, en moyenne, les indemnités sont réduites de 10 % pendant deux mois. Mais, au cas par cas, les pénalités peuvent être plus importantes.

Le premier contact avec les services de l'emploi a lieu trois jours après le premier versement des indemnités (donc très tôt). Il s'agit d'un entretien d'environ quarante-cinq minutes où l'on examine le CV, des lettres de motivation, les différents canaux susceptibles de fournir un emploi, etc. Il se termine par un plan d'action que doit suivre le chômeur jusqu'au prochain rendez-vous. La fréquence des entretiens avec un agent des services de l'emploi est au minimum mensuelle. Chaque entretien dure à peu près vingt minutes au cours desquelles sont évaluées les actions entreprises et un plan pour le mois à venir est établi. Ce processus ne se prolonge pas, en principe, au-delà de six mois.

Au cours du premier entretien, les chômeurs sont classés – « profilés » dans le jargon des services de l'emploi – selon quatre catégories. Les critères de classement sont en partie objectifs : âge, expérience, diplôme, et en partie subjectifs : présentation générale, facilité d'élocution, aptitude supposée à mener des recherches d'emplois, etc. Le type I rassemble les personnes ne devant pas avoir de problèmes particuliers à retrouver un emploi. Dans les types II et III sont classées les personnes n'ayant pas les qualifications nécessaires et qui doivent être orientées vers des programmes de formation adaptés. Enfin, les personnes les plus éloignées de l'emploi et nécessitant des aides particulières sont classées dans le type IV. Il faut noter que 60 % des chômeurs font partie du type I.

Une étude réalisée à partir de données hollandaises suggère que la combinaison d'aides personnalisées et la crédibilité des sanctions améliorent notablement les perspectives d'emplois des personnes de type II et III [1]. Une expérience menée dans une agence locale de l'emploi aux Pays-Bas a apporté des indications plus précises. Il s'agissait d'évaluer l'efficacité du contrôle des activités de recherche des chômeurs de type I. On a commencé par tirer au sort un groupe test et un groupe témoin. Le régime normal décrit plus haut était appliqué au groupe test, tandis que, pour le groupe témoin, les contacts avec les services de l'emploi n'avaient lieu *que* par courrier. Le groupe témoin est donc *a priori* moins aidé et moins contrôlé que le groupe test puisque l'obligation des rencontres périodiques avec les agents des services de l'emploi est supprimée. Aucune différence significative dans la fréquence de sortie du chômage entre les deux groupes n'a été constatée. L'utilité des aides ou des contrôles, ou tout du moins d'une partie d'entre eux, serait

1. Voir Jaap Abbring, Gerard Van den Berg et Jan Van Ours, « The effect of Unemployment Insurance Sanctions on the Transition Rate from Unemployment to Employment », document de travail du Tinbergen Institute, Amsterdam, 1997. Il n'y a pas, au moment où ces lignes sont écrites, de véritable consensus sur les effets et sur l'intérêt de « profiler » les chômeurs en leur attribuant à chacun un score devant refléter ses aptitudes à retrouver plus ou moins facilement un emploi. L'étude évoquée de D. Black *et alii,* « Is the Threat of Reemployment Services more Effective than the Service themselves ? Experimental Evidence from the UI System », *op. cit.*, montre que le système d'aide et de contrôle mis en place au Kentucky n'a eu pratiquement aucun bienfait sur les groupes ayant les scores les plus élevés et ceux ayant les scores les plus bas.

donc contestable. Néanmoins, en interrogeant les membres du groupe test, il est apparu que la part de l'aide et de l'accompagnement à la recherche était très réduite dans l'agence faisant l'objet de l'expérience. Pour l'essentiel, les agents ne faisaient que vérifier les obligations des personnes dont ils avaient la charge [1]. Autrement dit, il y avait très peu d'aide fournie aux chômeurs dans cette agence et l'expérience a finalement montré que, dans ces conditions, l'intensité des contrôles n'avait pratiquement pas d'influence sur le comportement des chômeurs. La conclusion à retenir est donc qu'un système de contrôle et de sanction *sans* accompagnement significatif des chômeurs peut perdre toute efficacité.

Les États-Unis avaient procédé à de nombreuses expériences de ce type dès le début des années 1980. Pour l'essentiel, leurs conclusions vont dans le même sens que les enseignements que nous venons de dégager. Par exemple, le *Nevada Claimant Placement Programme,* qui fut expérimenté au cours des années 1977-1978 au Nevada, fournissait aux membres du groupe test des aides personnalisées plus nombreuses, prodiguées par un personnel permanent qui exerçait aussi un contrôle plus strict des activités de recherche. Le résultat constaté fut une différence de plus de trois semaines de la durée moyenne de chômage en faveur du groupe test (ce qui est un gain appréciable pour les États-Unis où la durée moyenne de recherche d'un emploi fluctue selon les époques entre trois et cinq mois). L'expérience fut renouvelée une dizaine d'années plus tard sous le nom de *Nevada Claimant Employment Programme* dans des conditions semblables. La durée moyenne de chômage du groupe test y était encore inférieure à celle du groupe de contrôle

1. Le protocole et les résultats de cette expérience contrôlée sont rapportés dans l'article de Gerard Van den Berg et Bas Van der Klauw, « Counseling and Monitoring of Unemployed Workers : Theory and Evidence from a Controlled Social Experiment », document de travail, Free University of Amsterdam, 2001.

mais d'un peu moins de deux semaines seulement. En règle générale, toutes les expériences menées aux États-Unis aux cours des années 1980 indiquent que le contrôle assorti d'aide à la recherche d'emploi entraîne une baisse de la durée du chômage sans effet significatif sur les salaires d'embauche, ce qui laisse supposer qu'il n'y a pas eu de dégradation de la qualité des appariements, les chômeurs ont diminué leur temps de recherche sans accepter des emplois au rabais [1].

Et la France ?

Comme la plupart des grands pays industrialisés, la France dispose d'un régime d'assurance chômage, financé par les contributions des employeurs et des employés, et d'un régime d'assistance (que l'on préfère appeler « de solidarité »), financé par l'État [2]. Ce dernier s'applique principalement aux chômeurs ayant épuisé leurs droits aux indemnités d'assurance et aux personnes sans antécédent au travail ayant des difficultés d'insertion professionnelle. Le système français de solidarité comporte de nombreuses dispositions, tenant principalement à l'âge et aux ressources potentielles du demandeur d'emploi.

Le régime d'assurance concerne les personnes involontairement privées d'emploi ayant travaillé et cotisé au moins 6 mois au cours des 22 derniers mois précédant l'entrée au chômage. En 2003, le montant de l'allocation se situe entre

1. Denis Fougère, qui est directeur de recherche au CNRS, dresse un bilan très complet des expériences contrôlées visant à évaluer les programmes d'aide à l'emploi dans son article « Expérimenter pour évaluer les politiques d'aide à l'emploi : les exemples anglo-saxons et nord-européens », *Revue française des affaires sociales,* n° 1, janvier-mars 2000, p. 111-144.

2. Dans ce qui suit, nous donnons les principes régissant le système français de protection des personnes privées d'emploi en septembre 2003. On trouvera beaucoup plus de précisions ainsi que les possibles mises à jour sur le site des Assedic : www.assedic.fr.

75 % et 60 % des derniers salaires bruts (donc avant déduction des charges sociales). La durée de versement de cette allocation d'assurance dépend du nombre de mois pendant lesquels le demandeur d'emploi a travaillé et cotisé. Elle est au minimum de 7 mois et atteint 23 mois pour le cas « moyen » d'un demandeur d'emploi de moins de 50 ans ayant connu 14 mois d'activité au cours des 24 derniers mois. Environ la moitié des chômeurs bénéficie du régime d'assurance. L'autre moitié relève par conséquent du régime d'assistance. Mais globalement le système français protège assez bien les chômeurs. À l'instar des systèmes danois, suisse, hollandais ou suédois, il verse des allocations élevées pendant des périodes relativement longues.

Depuis le 1er juillet 2001, l'assurance chômage donne la possibilité de bénéficier d'un « plan d'aide au retour à l'emploi » (PARE), censé fournir des aides et un soutien personnalisé en contrepartie d'un engagement à rechercher « activement » un emploi. Les aides et soutien sont consignés dans un document appelé « projet d'action personnalisée » (PAP) établi à la suite d'un entretien entre le demandeur d'emploi et un agent de l'ANPE dans le mois qui suit l'inscription à cet organisme. En substance, le PAP précise les types d'emplois et les salaires que le chômeur est susceptible d'accepter. Il précise aussi les formations éventuellement nécessaires. L'idée de ce premier entretien est de faire le point sur les aspirations et les compétences du chômeur et, en fonction de cela, de le conseiller pour ses recherches futures. Si le chômeur n'a pas trouvé d'emploi au bout de 6 mois, le PAP est actualisé et l'on dresse un bilan de compétences approfondi. L'opération est répétée au bout d'un an si la recherche d'emploi s'est encore révélée infructueuse. Les principales obligations d'un demandeur d'emploi ayant signé un PAP consistent à se présenter aux entretiens, à ne pas faire de déclarations mensongères et à ne pas refuser, sans motif légitime, d'occuper un emploi ou de suivre une formation. Le non-respect de ces obligations peut entraîner l'interruption du versement des allocations.

Autant le volet indemnisation du PARE soutient la comparaison avec les systèmes hollandais ou suisse décrits précédemment, autant le volet pilotage de la recherche consigné dans le PAP est un catalogue de bonnes intentions sans traductions concrètes. La fréquence des entretiens obligatoires (tous les six mois) est notoirement insuffisante, la notion d'emploi *convenable* n'existe pas vraiment et les actions que doit entreprendre un chômeur ne sont pas contraignantes. Dans ces conditions, les contrôles ne touchent que les aspects administratifs et, comme les sanctions, restent très largement virtuels. Contrairement aux ambitions affichées lors de sa mise en place, le PAP ne respecte pas (sauf sur le papier) le principe d'engagement mutuel qui veut que la recherche d'un travail comporte de réelles obligations en contrepartie d'une aide intensive provenant des services de l'emploi. Concrètement, la très grande majorité des chômeurs ne bénéficie d'aucune aide digne de ce nom et, par conséquent, n'a aucune véritable obligation. Tel qu'il est appliqué aujourd'hui, le PAP n'aidera pas à faire baisser la durée et le volume du chômage.

En France, les syndicats représentant les salariés sont très réticents à l'idée d'intégrer, autrement qu'en théorie, le principe d'engagement mutuel dans le système d'indemnisation du chômage. La raison est probablement que la représentation du chômeur est plus proche de celle d'une personne atteinte d'une grave maladie que de celle d'une personne qui continue à participer à la vie économique. Si le chômeur est pensé uniquement comme un malade, la société lui doit soin et assistance en espérant qu'il se rétablisse rapidement. Rien d'autre. Cette vision du chômeur n'est pas la bonne. Les périodes de chômage font partie des événements habituels de la vie économique. En permettant de meilleurs appariements entre les demandeurs d'emplois et les entreprises, ils sont utiles à la collectivité. Toute période de chômage doit être considérée comme une période d'*activité* particulière – la recherche du meilleur appariement possible – qui doit profiter à celui qui l'exerce, mais dont la collectivité bénéficie également dans son ensemble. L'activité de recherche d'emploi est donc *socialement* utile. Il est alors normal (et rentable) qu'un chômeur soit pris en charge par la collectivité sur le plan matériel. Il y a donc de bonnes raisons pour que le chômeur soit correctement indemnisé. Mais il est aussi normal (et rentable) que la collectivité essaie de rendre cette activité de recherche la plus efficace possible. Cela exige des engagements mutuels contraignants pour les services publics et pour les demandeurs d'emplois.

La sécurisation des parcours professionnels dans un environnement marqué par une forte incertitude doit reposer sur une assurance chômage généreuse mettant en œuvre le principe de l'engagement mutuel. Néanmoins, une véritable sécurité des parcours professionnels ne peut s'obtenir qu'en accompagnant de manière cohérente non seulement l'activité de recherche d'emploi mais aussi les décisions de créations et de destructions d'emplois. Nous allons voir, dans le chapitre suivant, que telle n'est pas la manière dont a été élaborée la législation de la protection de l'emploi en France.

6

Protéger l'emploi autrement

En juillet 1999, le groupe Michelin licenciait 451 personnes dans son usine Wolber à Soissons. Deux mois après, les dirigeants annonçaient une hausse de 20 % du bénéfice semestriel. Les salariés saisirent les prud'hommes et, en février 2002, le groupe Michelin fut condamné à verser des dommages et intérêts d'un montant total de 10 millions d'euros, au motif que les licenciements économiques se justifient par le *maintien* de la compétitivité d'une entreprise ou du groupe auquel elle appartient, mais non par son *amélioration*.

Hormis sa médiatisation, le cas du groupe Michelin, déjà évoqué dans le premier chapitre à propos des licenciements « boursiers », n'a rien d'exceptionnel. Environ 30 000 salariés quittent leur emploi chaque jour ouvrable en France. Plus de la moitié de ces départs correspond à des fins de contrats à durée déterminée, et seulement 2 % à des licenciements économiques [1]. Ainsi, 600 personnes sont licenciées

1. Un licenciement est qualifié d'« économique » si ses motifs ne sont pas inhérents à la personne mais relèvent uniquement des difficultés économiques ou des mutations technologiques que connaît l'entreprise. Un licenciement économique peut être individuel ou collectif. Il est collectif dès lors qu'il concerne plus d'un salarié au cours d'une période de 30 jours. La procédure à suivre est plus contraignante en cas de licenciement collectif, surtout si elle concerne plus de 10 salariés.

chaque jour pour des motifs économiques. Dans ce contexte de destructions (et de créations) massives d'emplois, il serait étonnant que Michelin soit la seule entreprise qui licencie alors qu'elle fait des bénéfices. Tel n'est évidemment pas le cas. Des affaires similaires ont déjà été portées devant les conseils de prud'hommes et les cours d'appel. En la matière, la Cour de cassation a élaboré une jurisprudence qui confirme de façon constante que les licenciements économiques peuvent être justifiés par la sauvegarde de la compétitivité de l'entreprise mais non par son amélioration [1]. En outre, cette jurisprudence indique que les difficultés économiques invoquées à l'appui d'un licenciement pour motif économique s'apprécient, le cas échéant, au niveau du groupe auquel appartient l'entreprise. Dans le cas d'espèce, les juges ont donc considéré que les licenciements opérés par Michelin étaient injustifiés en appliquant à la lettre la jurisprudence élaborée par la Cour de cassation [2].

Cet exemple illustre bien la philosophie générale de la législation de la protection de l'emploi en France, basée sur le contrôle du juge et, le cas échéant, la répression, sous forme de dommages et intérêts et de sanctions pénales. Dans ce chapitre, nous soutenons qu'une telle approche est à la fois inéquitable et inefficace. Inéquitable, car elle protège certains salariés, qui sont loin d'être, en moyenne, les plus

---

1. En témoigne, par exemple, l'arrêt du 1er décembre 1999 (n° 4652 D) : « Mais attendu que la cour d'appel, après avoir constaté que le chiffre d'affaires de la société était en nette progression en 1991, a retenu que la suppression des emplois permanents à laquelle elle s'était livrée répondait moins à la nécessité économique qu'à la volonté de l'employeur de privilégier le niveau de rentabilité de l'entreprise au détriment de la stabilité de l'emploi ; qu'ayant ainsi fait ressortir que la réorganisation n'avait été décidée que pour supprimer les emplois permanents de l'entreprise et non pour sauvegarder la compétitivité, elle a pu décider que le licenciement n'était pas justifié par un motif économique. »

2. La jurisprudence de la Cour de cassation est présentée dans une note du conseiller rapporteur Aubert, disponible sur le site Internet de la Cour de cassation : Note BICC 528 du 31/01/01 http://www.courdecassation.fr/moteur/528/note528.htm.

défavorisés, et accroît l'insécurité pour d'autres travailleurs moins favorisés. Inefficace, car elle ne permet pas de maintenir le volume global de l'emploi. Au contraire, toutes les informations empiriques dont nous disposons indiquent que la législation actuelle évite temporairement certaines destructions d'emplois, mais grâce à un coût exorbitant qui dégrade les conditions financières des entreprises et réduit l'emploi total. Cela ne veut pas dire que la protection de l'emploi est inutile. Au contraire, elle est indispensable, mais elle doit prendre une forme radicalement différente.

Les objectifs de la protection de l'emploi

La législation actuelle sert tout d'abord à protéger les salariés contre les ruptures du contrat de travail ne respectant pas les droits fondamentaux de la personne. En France, le préambule de la Constitution de 1946 dispose que « nul ne peut être lésé, dans son travail ou son emploi, en raison de ses origines, de ses opinions ou de ses croyances ». Le code du travail s'inspire de ce préambule et stipule que tout licenciement doit être motivé par « une cause réelle et sérieuse ». En particulier, il ne doit être fait aucune référence à l'origine, au sexe, aux mœurs, à la situation de famille, à la nationalité, à l'ethnie, à la race, à la religion, à l'état de santé, à un handicap (sauf exception dûment constatée par le médecin du travail), à l'état de grossesse, à la participation à une grève licite, aux opinions émises dans le cadre du droit d'expression des salariés, aux positions politiques, à l'appartenance à un syndicat, etc. Un licenciement ne respectant pas ces dispositions est considéré comme abusif. Il donne lieu à des sanctions pénales et à des dommages et intérêts.

Cette protection des droits fondamentaux n'est sérieusement contestée par personne et elle fait partie intégrante de la législation de tous les pays industrialisés. Mais très souvent, les mesures de protection de l'emploi vont bien au-delà et régissent toutes les procédures d'embauche et de séparation d'un travailleur. Elles contrôlent si les licenciements se justifient sur le plan « économique », elles définissent le montant des indemnités de licenciement et les délais de préavis, elles décrivent dans le détail les procédures de négociations préalables avec les représentants des personnels et les modalités de recours en cas de litige, elles définissent aussi les règles d'utilisation des contrats de travail à durée limitée [1]. Dans ces conditions, la protection de l'emploi poursuit au moins trois objectifs économiques : augmenter ou stabiliser l'emploi en diminuant les destructions, réduire les risques encourus par les salariés et inciter les entreprises à tenir compte de la valeur sociale des emplois. La suite de ce chapitre s'attache à montrer que l'actuelle législation de la protection de l'emploi n'atteint aucun de ces objectifs. En outre, nous soutenons que le dernier objectif, fondé sur la valeur sociale, doit servir de base à une approche différente de la protection de l'emploi.

La protection de l'emploi protège mal l'emploi

Une législation rendant plus difficile les licenciements a un effet ambigu sur le volume de l'emploi. Elle réduit certes les destructions d'emplois, mais elle diminue aussi les créations, car les entreprises craignent de ne pouvoir, à l'avenir, détruire des emplois non rentables protégés par cette législation. La protection de l'emploi est donc favorable à l'emploi si elle diminue plus les destructions que les créations d'emplois. L'analyse théorique ne va guère au-delà de cette quasi-évidence. Évaluer l'impact de la protection de l'emploi demeure donc une question principalement empirique. De nombreux travaux ont tenté d'y répondre au cours de la der-

1. La réglementation de l'emploi à durée limitée couvre le recours au contrat à durée déterminée (CDD) et au travail temporaire (ou intérimaire). Le recours à l'emploi à durée limitée, quelle que soit sa forme, est restreint. Le principe de base est que le travail à durée limitée ne peut permettre de pourvoir durablement un emploi lié à l'activité normale et permanente de l'entreprise utilisatrice.

nière décennie [1]. En règle générale, ils cherchent à mettre en évidence une corrélation, positive ou négative, entre la « rigueur » de la protection de l'emploi et le taux de chômage, en ayant soin d'écarter toutes les autres causes susceptibles d'agir sur l'évolution du chômage et de l'emploi [2]. Les principales conclusions auxquelles ces travaux aboutissent sont les suivantes :

– la rigueur de la protection de l'emploi n'a aucun effet significatif sur le taux de chômage ; ainsi, une protection de l'emploi plus rigoureuse ne contribue pas à diminuer le taux de chômage ;

– une protection de l'emploi plus rigoureuse accroît la durée du chômage [3] ;

– une protection de l'emploi plus rigoureuse diminue le taux d'emploi (c'est-à-dire la proportion des personnes occupant un emploi parmi les personnes en âge de travailler) [4].

Ce sont surtout les taux d'emploi des jeunes et des personnes de plus de 50 ans qui sont plus faibles dans les pays

---

1. On trouvera une synthèse de ces travaux empiriques dans les articles de John Addison et Paulino Teixeira, « The Economics of Employment Protection », *Journal of Labor Research*, vol. 24 (1), 2003, p. 85-129, et de David Autor, John Donohue et Stewart Schwab, « The Costs of Wrongful-Discharge Laws », *NBER Working Paper*, n° 9425, 2002, disponible sur www.nber.org.

2. On peut consulter sur ce point les deux articles cités *ibid.*, le rapport d'Olivier Blanchard et Jean Tirole, réalisé en 2003 pour le Conseil de l'analyse économique, intitulé « La protection de l'emploi », ainsi que l'article de Pierre Cahuc, « Pour une meilleure protection de l'emploi », 2003, disponible sur http://www.coe.ccip.fr.

3. Ce résultat provient de l'impact négatif de la protection de l'emploi sur les créations d'emplois. La protection de l'emploi ayant pour effet de réduire les créations et les destructions d'emplois sans avoir d'impact significatif sur le taux de chômage, il en résulte que les chômeurs ont moins de chances de retrouver un emploi, ce qui augmente la durée moyenne du chômage.

4. La protection de l'emploi ayant tendance à accroître la durée du chômage, il en résulte des déperditions de capital humain et une usure psychologique qui poussent des chômeurs à abandonner la recherche d'emploi et devenir ainsi inactifs. Comme le taux de chômage n'est pas significativement affecté par la protection de l'emploi, *in fine*, ce sont les taux d'emplois qui baissent.

où la protection de l'emploi est plus rigoureuse. En définitive, une législation contraignante en matière de séparation apparaît plutôt défavorable à l'emploi, en particulier à l'emploi des personnes dont l'insertion dans le marché du travail est la plus difficile, comme les jeunes, les femmes et les plus âgés.

La protection de l'emploi protège mal contre l'incertitude

La protection de l'emploi stabilise le revenu de certains salariés, mais au détriment d'un accroissement de l'incertitude pour d'autres. Les licenciements économiques ne représentent qu'une très faible part des sorties de l'emploi. Le tableau ci-dessous montre que l'écrasante majorité des sorties de l'emploi sont dues à des fins de contrats à durée déterminée et des démissions. Les licenciements économiques ne comptent que pour moins de 2 % des sorties de l'emploi, même dans une année marquée par une conjoncture défavorable. La réglementation du licenciement économique ne concerne donc directement qu'une très faible proportion des départs de l'emploi. Les entreprises gèrent l'essentiel de leurs mouvements de personnel en jouant sur les contrats à durée déterminée (CDD) et sur les départs spontanés, liés aux démissions et aux retraites.

Les sorties de l'emploi selon les motifs
(en % du total des sorties)

	Industrie	Construction	Tertiaire	Ensemble
Fin de CDD	41,5	26,4	56	53,1
Démissions	19,4	39,8	20,2	20, 6
Licenciements économiques	5,9	1,8	1,1	1,9
Autres licenciements	8,7	13,1	5,1	5,9

Champ : établissements de 10 salariés ou plus, au deuxième trimestre 2002. Données corrigées des variations saisonnières. Source : DARES.

La protection de l'emploi modifie les politiques de recrutement et de licenciement des entreprises sans influencer significativement le nombre des postes de travail dont les entreprises ont besoin. Son impact essentiel consiste finalement à répartir les risques de façon très inégalitaire. La législation actuelle protège les emplois des salariés dotés d'une certaine ancienneté, mais pousse les entreprises à utiliser abondamment les contrats à durée limitée. Elle accentue ainsi la *segmentation* du marché du travail, entre, d'une part des salariés protégés, ayant accès à des emplois stables, et d'autre part des salariés contraints d'accepter des contrats à durée limitée et des chômeurs ayant, en moyenne, peu de chances de retrouver du travail rapidement. La protection de l'emploi améliore le bien-être des travailleurs protégés, mais dégrade celui des autres. Elle contribue à creuser les inégalités [1].

La législation actuelle protège mal contre l'incertitude. D'autres voies sont possibles. En l'espèce, l'assurance chômage s'avère mieux adaptée pour préserver les travailleurs de trop de fluctuations de leur revenu, car elle permet une véritable mutualisation des risques. Nous verrons plus loin qu'il est préférable d'envisager globalement la protection de l'emploi comme une des composantes d'un système d'assurance chômage.

Valeur privée et valeur sociale de l'emploi

Les économies modernes sont soumises à un flux permanent d'innovations technologiques et de changements dans les préférences des individus qui nécessitent la disparition de

1. Ce constat a été fait par plusieurs études. Voir Olivier Blanchard et Augustin Landier, « The Perverse Effect of Partial Labour Market Reform : Fixed-term Contract in France », *Economic Journal*, vol. 112, 2002, p. 214-244, et Pierre Cahuc et Fabien Postel-Vinay, « Temporary Jobs, Employment Protection and Labor Market Performance », *Labour Economics*, vol. 9, 2002, p. 63-91.

certains emplois et la création d'autres. Nous avons rappelé au chapitre 1 que 10 000 emplois sont détruits et créés chaque jour ouvrable, en France, et nous avons montré que ce processus incessant de créations et de destructions d'emplois est à la source de la croissance. Détruire un emploi pour ces raisons n'est donc pas une perte pour la collectivité bien qu'elle le soit, en général, pour la personne qui occupait cet emploi. Une législation qui aurait empêché cette destruction aurait du même coup empêché la réalisation d'un avantage collectif. Mais il y a d'autres raisons qui, à l'inverse, militent pour conserver certains emplois que les entreprises voudraient détruire. Elles tiennent à la différence entre la valeur *privée* et la valeur *sociale* d'un emploi.

Un travailleur est engagé par une entreprise pour produire des biens ou des services. Cette production représente la valeur *privée* de l'emploi. Elle se répartit en salaire pour le travailleur et en profit pour l'entreprise. Mais, dans une économie moderne, une entreprise et ses salariés ne sont pas isolés du reste du monde et les décisions qu'ils prennent affectent le bien-être d'autres personnes totalement étrangères à l'entreprise. Cette influence des décisions de certaines personnes sur la condition d'autres personnes, ne participant pas à la prise de décisions, s'appelle une *externalité* (la pollution, par exemple, est une externalité). Or la décision de détruire un emploi peut avoir des répercussions qui vont bien au-delà des seuls intérêts de l'entreprise et du salarié concernés. Elle peut ainsi être à la source d'externalités. Dans ce cas, la valeur d'un emploi pour la collectivité – sa valeur *sociale* – ne coïncide pas avec sa valeur privée. La valeur sociale se mesure par l'addition de la valeur privée et de la valeur des externalités.

Une cause importante de l'écart entre la valeur sociale et la valeur privée d'un emploi réside dans la conception d'ensemble du système fiscal. La très grande majorité des recettes fiscales provient des personnes ayant un emploi. Les chômeurs et les inactifs contribuent très peu au financement de l'ensemble des biens collectifs et des transferts. Il en résulte un écart entre la valeur sociale et la valeur privée d'un emploi mesuré par la perte des prélèvements obligatoires et le surcoût sous forme de transferts sociaux induits par le passage du statut de salarié à celui de chômeur ou d'inactif. Dans la plupart des pays de l'OCDE, cette différence est considérable et justifie une forme de protection de l'emploi.

Le mode de financement de l'assurance chômage et des minima sociaux est une autre cause, peut-être encore plus importante que la précédente, de divergence entre la valeur sociale et la valeur privée d'un emploi. Dans de nombreux pays, dont la France, l'assurance chômage est financée par une taxe sur les salaires. Un employeur qui licencie un de ses salariés ne tient pas compte de l'externalité provenant du financement par les autres salariés et les autres employeurs – *via* leurs cotisations à l'assurance chômage – des allocations du travailleur licencié. Cet employeur ne tient pas non plus compte du fait que l'emploi qu'il a détruit ne contribuera plus à financer l'assurance chômage. Ainsi, chaque entreprise compte sur les autres entreprises et les autres salariés pour payer l'allocation chômage des travailleurs qu'elle licencie. La valeur sociale d'un emploi dépasse sa valeur privée d'un montant égal au coût pour la collectivité de la personne licenciée pendant sa période de chômage. En négligeant les externalités provoquées par leur comportement lors d'un licenciement, les entreprises ne tiennent compte que du coût personnel qu'elles subissent et non du coût réel de ce licenciement pour la collectivité. Dans les situations où ce coût réel dépasse le coût personnel, les entreprises auront tendance à détruire trop d'emplois.

Les distorsions induites par les prélèvements obligatoires ne sont pas les seules causes d'écart entre la valeur sociale et la valeur privée de l'emploi. Le chômage exerce un impact négatif sur l'état de santé, il peut accroître la criminalité et faire baisser l'esprit civique. En outre, les personnes qui disposent d'un emploi redistribuent fréquemment une partie de leurs ressources matérielles à leur famille et leurs proches. L'emploi contribue ainsi à améliorer l'état de santé, à diminuer la criminalité et s'intègre dans un ensemble de liens sociaux qui assurent une certaine redistribution de ressources. Tous ces éléments doivent être pris en compte pour juger de l'avantage collectif résultant des décisions de destruction d'emplois.

Quand une entreprise décide de se séparer d'un de ses salariés, elle ne tient compte que de la valeur privée de l'emploi qu'elle est en train de détruire (en l'occurrence, elle estime que cette valeur privée est trop faible pour conserver cet emploi). Mais cette séparation génère des externalités telles que la valeur sociale dépasse la valeur privée. L'entreprise prend donc une décision efficace de son point de vue, mais qui n'est pas conforme à l'intérêt collectif. L'État doit alors intervenir de manière à ce que l'intérêt de l'entreprise rejoigne celui de la collectivité.

En définitive, une politique de protection de l'emploi peut se justifier par un objectif de rapprochement de la valeur privée d'un emploi à sa valeur sociale. C'est même la seule justification possible sur le plan économique [1]. Il convient donc d'apprécier la législation actuelle en référence à un tel objectif.

Inciter plutôt que contrôler

Une manière de remédier à la sous-estimation par les entreprises de la valeur sociale d'un emploi consiste à « fiscaliser » la protection de l'emploi en l'intégrant au financement de l'assurance chômage et des minima sociaux. Le principe devant guider cette fiscalisation s'applique dans de nombreuses circonstances de la vie où interviennent les assurances. Un conducteur imprudent met sa vie en danger, mais aussi celles des autres. Son attitude risque de coûter très cher à la collectivité, ne serait-ce qu'en frais médicaux. C'est pourquoi les cotisations à l'assurance automobile dépendent

---

1. Rappelons que la législation de la protection de l'emploi est aussi justifiée par la protection des droits fondamentaux des personnes, reconnus dans le préambule de la Constitution.

de l'histoire personnelle de chaque conducteur (principalement du nombre d'accidents qu'il a occasionnés). Ce principe peut s'appliquer en matière de licenciement. Un mécanisme de bonus-malus, dans lequel le taux de cotisation à l'assurance chômage d'une entreprise augmente avec le nombre de licenciements auxquels elle a procédé, permet de limiter les destructions d'emplois inefficaces. Il constitue une forme de protection de l'emploi qui incite les employeurs à prendre en compte les coûts qu'ils infligent à l'assurance chômage et aux comptes sociaux lorsqu'ils détruisent des emplois. Un tel système joue un rôle central dans le financement de l'assurance chômage aux États-Unis [1].

Comme l'a rappelé le tribunal des prud'hommes dans l'affaire Michelin, un licenciement économique doit être justifié par la sauvegarde de la compétitivité de l'entreprise et non par son amélioration. Devoir faire cette distinction plonge les juges dans des abîmes de perplexité. La lecture des arrêts de la Cour de cassation est édifiante. On y apprend, par exemple, qu'un poste faisant double emploi n'est pas forcément de trop, ou encore que vouloir sauvegarder la compétitivité ne veut pas dire vouloir faire des « économies financières ». Dans le meilleur des cas, tout cela peut prêter à sourire, mais une question de fond demeure : doit-il y avoir un contrôle du motif « économique » du licenciement ? Répondre par l'affirmative suppose que des autorités indépendantes aient les moyens d'apprécier la valeur sociale d'un emploi, puisque seule cette dernière permet de donner une base objective au maintien ou à la destruction d'un emploi. La manière dont fonctionne concrètement le marché du travail rend impossible une telle

---

1. Ce système est plus connu sous sa terminologie anglaise d'*experience rating*. L'article de David Margolis et Denis Fougère, « Moduler les cotisations employeurs à l'assurance chômage : les expériences de bonus-malus aux États-Unis », *Revue française d'économie*, n° 2, 2000, présente dans le détail le système nord-américain de financement de l'assurance chômage.

évaluation. Les innovations techniques et les modifications de toute nature de l'environnement dans lequel évoluent les entreprises nécessitent, chaque année, des millions de mouvements d'emplois qu'une autorité administrative est totalement incapable d'évaluer et d'anticiper.

Penser que les autorités publiques peuvent apprécier objectivement la valeur sociale des emplois revient à croire qu'elles sont capables de planifier ces millions de mouvements. C'est une pure illusion bureaucratique trop souvent, hélas, relayée par quelques parlementaires. L'issue d'une grande partie de ces mouvements est *structurellement* incertaine et ne peut donc pas faire l'objet de la moindre prévision, ni *a fortiori* de la moindre planification. Pour cette raison aussi, la fiscalisation de la protection de l'emploi est plus efficace que toute forme de contrôle « économique » des licenciements. La fiscalisation se fonde sur des règles transparentes et incitatives qui échappent à l'hétérogénéité et à l'arbitraire des critères des juges et au talent des avocats. Elle est immédiatement opérationnelle alors qu'une procédure de contrôle du motif économique d'un licenciement demande des délais très importants, surtout en cas de litige. En outre, le contrôle des pouvoirs publics sur les licenciements entraîne un accroissement des coûts de licenciement sans réduire, en contrepartie, le coût du travail. Ainsi, la législation de la protection de l'emploi réduit la rentabilité des entreprises. Fiscaliser la protection de l'emploi élimine cet inconvénient dans la mesure où les taxes payées lors des licenciements sont reversées aux entreprises, sous forme de subvention à l'embauche ou de réduction de charges sur les salaires. La logique de la fiscalisation de la protection de l'emploi consiste donc à taxer les destructions d'emplois tout en subventionnant les créations d'emplois grâce à une réduction du coût du travail. C'est pour cette raison que la fiscalisation de la protection de l'emploi peut être favorable à l'emploi alors que la législation actuelle sur les licenciements joue contre l'emploi.

Pour toutes ces raisons, il faut proscrire le contrôle « économique » du licenciement et lui substituer un arsenal fiscal qui permet de faire coïncider, en moyenne, la valeur privée et sociale des emplois.

Mutualiser les risques liés aux reconversions

En cas de licenciement économique, l'employeur doit suivre une procédure très stricte [1] et d'autant plus contraignante et longue que le nombre de licenciements est important. Si ce dernier est supérieur à dix sur une période de trente jours, toute entreprise de plus de cinquante salariés doit élaborer un plan social, rebaptisé « plan de sauvegarde de l'emploi » par la loi de modernisation sociale du 17 janvier 2002. Ce plan doit prévoir toute une série d'actions en vue du reclassement des salariés sur des emplois relevant de la même catégorie ou équivalents à ceux qu'ils occupent [2]. Il est notifié au directeur départemental du travail qui opère un contrôle dans les huit jours suivant la notifica-

1. Plus précisément, l'employeur doit « tout mettre en œuvre pour former et adapter les salariés à l'évolution de leur emploi. Il doit également rechercher des solutions de reclassement dans un emploi relevant de la même catégorie que celui occupé par le salarié, un emploi équivalent ou à défaut, et avec l'accord exprès du salarié, sur un emploi de catégorie inférieure. Le reclassement doit être envisagé dans l'entreprise ou, le cas échéant, dans les entreprises du groupe », selon l'obligation de reclassement préalable inscrite dans le code du travail.

2. Ces actions concernent notamment des créations d'activité nouvelle par l'entreprise, le reclassement externe à l'entreprise, le soutien à la création d'activités nouvelles ou à la reprise d'activités existantes par les salariés, des actions de formation ou de reconversion de nature à faciliter le reclassement interne ou externe des salariés sur des emplois équivalents, des mesures de réduction ou d'aménagement du temps de travail ainsi que des mesures de réduction du volume des heures supplémentaires effectuées de manière régulière lorsque ce volume montre que l'organisation du travail de l'entreprise est établie sur la base d'une durée collective manifestement supérieure à 35 heures hebdomadaires ou 1 600 heures par an et que sa réduction pourrait préserver tout ou partie des emplois dont la suppression est envisagée.

tion. En cas de non-conformité, le directeur départemental du travail adresse un constat de carence à l'entreprise. L'entreprise doit alors modifier le plan et recommencer la procédure de licenciement. Le contrôle administratif des obligations légales de l'employeur passe, le cas échéant, par des procédures judiciaires pouvant donner lieu à des dommages et intérêts et à des sanctions pénales.

Cette brève énumération de certaines clauses d'un plan de sauvegarde de l'emploi montre que la législation fait peser, dans une large mesure, le coût de reconversion des salariés sur les entreprises qui licencient pour motif économique. Cette situation conduit à des coûts de licenciement très importants, de l'ordre d'une année de salaire brut par licenciement. Le montant est encore plus élevé en cas de licenciement collectif [1]. Il y a là un double préjudice pour la collectivité. D'une part, le coût très élevé des licenciements économiques incite les entreprises à contourner la législation pour les masquer en démission. La faible part des licenciements économiques, de l'ordre de 2 %, dans l'ensemble des séparations, est un indice de ce contournement. Autre indice : seulement 20 % des licenciés économiques sont couverts par un plan social. Ainsi, chaque jour, pour 15 000 fins de contrats à durée déterminée, il y a 600 licenciements économiques dont 150 se déroulent dans le cadre de plans sociaux. Certaines parties du dispositif de protection de l'emploi, trop contraignantes, ne s'appliquent donc que très rarement. D'autre part, les entreprises en difficulté ne sont évidemment pas les mieux armées pour assurer la reconversion de leurs travailleurs.

Il faut donc considérablement alléger les obligations qui pèsent sur les entreprises et forger les outils permettant de mutualiser les risques liés aux reconversions. Le PARE, censé aider et accompagner les chômeurs dans leur

1. Voir l'étude de Francis Kramarz et Marie-Laure Michaud, « The Shape of Hiring and Separation Costs », Cahier de la MSE, n° 77, 2002, *CREST Working Paper*, n° 38, 2002, et *CEPR Discussion Paper*, n° 3685.

recherche d'emploi, est un de ces outils [1]. Il devrait pouvoir être amélioré et les moyens actuellement dévolus au contrôle et à l'accompagnement des plans sociaux pourraient être redéployés en sa faveur. La procédure de licenciement pourrait alors se limiter au respect d'un préavis et d'une notification aux représentants du personnel et à l'administration en cas de licenciement collectif.

Mieux protéger

Notre législation en matière de protection de l'emploi a besoin d'être profondément remaniée. Elle doit passer d'une culture du contrôle à une culture de l'incitation. La fiscalité est l'instrument adéquat pour y parvenir. Il faut supprimer le contrôle des motifs économiques du licenciement et lui substituer une taxation du type bonus-malus. Il faut simplifier les procédures de licenciement collectif et mutualiser les reconversions. Il faut supprimer les règles contraignantes régissant l'usage des contrats à durée limitée et lui substituer un système incitant financièrement à la stabilité de l'emploi. Il ne s'agit pas de moins protéger l'emploi, mais de mieux le protéger.

La mise en œuvre de ces mesures conduit à bouleverser de fond en comble notre législation. Elle devrait susciter de nombreuses résistances, notamment quant à la disparition de tout jugement des motifs « économiques » des licenciements. Ces résistances reposent, pour l'essentiel, sur une conception erronée du fonctionnement du marché du travail qui sous-estime l'ampleur et la nécessité des rotations d'emplois et méconnaît ainsi les effets pervers induits par le système actuel. Faire tomber ces résistances suppose au préalable que les partenaires sociaux et le législateur s'accordent sur ce diagnostic. Ils doivent être convaincus que le marché du travail a besoin d'être en perpétuel mouvement et

---

1. Les principaux éléments du PARE sont présentés *supra* dans le chapitre 5.

que, dans ce monde-là, une protection de l'emploi essentiellement juridique et réglementaire n'est pas efficace et accroît les inégalités.

L'assurance chômage et la protection de l'emploi sont des instruments indispensables pour sécuriser les parcours professionnels. Ils n'en sont pas moins insuffisants pour accompagner une économie en constante mutation qui demande une adaptation sans cesse renouvelée de la qualité de la main-d'œuvre. Un des buts principaux des politiques publiques de l'emploi et des interventions de l'État dans le domaine de l'éducation et de la formation professionnelle consiste justement à assurer cette adaptation de la main-d'œuvre au changement. Les deux chapitres suivants montrent que, dans ce domaine, l'enfer est pavé de bonnes intentions.

7

L’éducation n’est pas une potion magique

En France, l’éducation fait office de potion magique sociale. Quel que soit le problème, la solution se trouve dans l’éducation. Qu’elle soit primaire, secondaire, supérieure, professionnelle ou continue, tout le monde communie sur ses vertus et voudrait que l’on en fasse toujours plus. Un consensus national s’est établi autour de la formule « éducation tout au long de la vie ». Cette forme de pensée unique s’appuie sur des prémisses en apparence incontestables. En substance, le système éducatif permet d’acquérir des connaissances utiles dans la vie professionnelle, développe les capacités d’abstraction et de synthèse, favorise l’épanouissement intellectuel et « produit » finalement des personnes parées pour accomplir les tâches de plus en plus complexes que requiert une économie moderne confrontée à la concurrence internationale. Une formation professionnelle efficace, donnant une seconde chance aux personnes dont les compétences ont été dévalorisées par le progrès technique ou la concurrence internationale, constitue, dans cette optique, une des composantes essentielles du système de formation.

Dans une économie où les créations et les destructions d’emplois se comptent, chaque année, par millions, une main-d’œuvre bien formée permet de s’adapter sans trop de difficultés à un environnement en perpétuelle évolution. L’investissement éducatif est donc indispensable. Mais cela n'implique pas qu'il doit être accru en permanence et de manière indifférenciée dans toutes ses composantes. Améliorer les connaissances coûte cher, et même souvent très cher. Pour savoir s'il est souhaitable d'éduquer plus, ou d'éduquer autrement, il est impératif de savoir si les dépenses consacrées à l'éducation améliorent le sort de la personne qui en bénéficie et sont utiles sur le plan collectif. Bref, il faut évaluer les « rendements » privés et collectifs des diverses composantes du système d'éducation et de formation afin d'éliminer celles dont l'inefficacité est avérée et de favoriser les plus performantes.

Les renouvellements récents des méthodes d'évaluation aboutissent à des résultats qui heurtent le sens commun : de nombreux investissements dans le système d'éducation et de formation ne sont rentables ni pour la collectivité ni même pour les personnes censées en bénéficier. Ce constat va à l'encontre du credo selon lequel le meilleur moyen d'améliorer l'insertion économique et sociale consiste à accroître systématiquement les dépenses pour l'école et pour la formation professionnelle. L'insertion économique et sociale est certes favorisée par les connaissances transmises par le système éducatif, mais elle l'est aussi, et peut-être surtout, par la qualité des compétences relationnelles et la capacité à élaborer des projets de vie cohérents. Or ces atouts ne s'acquièrent pas uniquement dans les institutions scolaires. Ils sont en grande partie transmis très tôt par le milieu familial. Les enfants qui ne les possèdent pas sont vite confrontés à l'échec scolaire, ce qui se traduit souvent par des parcours chaotiques, marqués par des périodes de chômage nombreuses et par une très faible capacité à acquérir des connaissances dans le cadre des programmes de formation professionnelle.

La reconnaissance de l'importance du milieu familial et du rôle déterminant de la prime enfance remet en cause la conception traditionnelle de l'intervention publique en matière de formation et d'éducation. Elle conduit à des recommandations qui brisent le consensus évoqué plus haut. Plus précisément, trois lignes directrices se dégagent : les aides publiques doivent être ciblées, en évitant tout saupoudrage ; elles doivent prioritairement être dirigées vers les jeunes, voire même les très jeunes enfants ; elles doivent être déployées, pour partie, en dehors de l'école.

Les « rendements » de l'éducation et la place de l'État

Jeanne gagne plus que Paul parce qu'elle a fait des études plus longues. Cette relation de cause à effet, entre le temps passé à s'éduquer et la rémunération, se trouve au cœur de la théorie du « capital humain » développée et popularisée par Gary Becker. Selon ce lauréat du prix Nobel d'économie en 1992, les études, et la formation en général, sont assimilables à des *investissements* qui, en s'accumulant, forment un stock de compétences professionnelles, le mal nommé « capital humain ». De ce point de vue, les investissements éducatifs doivent se traduire par des revenus plus élevés pour ceux qui en bénéficient. D'innombrables travaux ont été, et sont toujours consacrés à l'évaluation des avantages financiers liés à l'éducation. Leurs conclusions varient bien évidemment selon les lieux, les dates, les caractéristiques des personnes concernées et les études suivies. À l'heure actuelle, on estime qu'en moyenne une année d'étude supplémentaire accroît les revenus dans une proportion variant de 5 à 15 %, ce qui signifie qu'il faut suivre entre 5 et 14 années d'études supplémentaires pour doubler son revenu [1]. L'éducation est donc un investissement qui rapporte, mais ce n'est pas non plus l'eldorado. Apprendre prend du temps ; ce temps passé à étudier est un manque à gagner, puisqu'il aurait pu être consacré à travailler. En outre, les études mobilisent des ressources importantes. En France, une année d'école primaire coûte environ 4 000 € par enfant, une année d'études secondaires 7 000 € et une année d'études supérieures 8 000 € [2].

A priori, l'investissement éducatif pourrait être totalement à la charge du bénéficiaire. Pourtant, dans tous les pays déve-

---

1. Voir notre ouvrage *La Microéconomie du marché du travail*, La Découverte, coll. « Repères », 2003, chap. 2.
2. Voir OCDE, *Regards sur l'éducation*, 2002.

loppés, l'État investit massivement dans les dépenses d'éducation. Ainsi, en France, les dépenses publiques pour l'éducation représentent 5,8 % du PIB en 2000, ce chiffre atteint 4,9 % aux États-Unis. Les dépenses publiques pour l'éducation sont partout nettement supérieures aux dépenses privées. Ces dernières représentent 0,4 % du PIB en France et 1,6 % aux États-Unis [1]. L'intervention de l'État dans le domaine de l'éducation se justifie, en premier lieu, par un souci d'équité et une volonté de démocratisation. De nombreux ménages seraient incapables d'offrir une éducation de base à leurs enfants si l'enseignement était privé et payant quand une année d'école primaire coûte environ 4 000 € par enfant. La gratuité de l'enseignement favorise l'égalité des chances.

L'intervention de l'État se justifie aussi par un motif d'efficacité économique. Un système éducatif purement privé, laissant au libre jeu de la concurrence le soin de coordonner les décisions en matière d'éducation et de formation, aboutirait vraisemblablement à une société sous-éduquée. La principale raison tient à la présence des *externalités* que génère l'éducation. Rappelons que la notion d'externalité recouvre des situations où un agent bénéficie (ou pâtit) des décisions prises par d'autres agents sans qu'il y ait de compensation financière pour les conséquences de ces décisions. Le plus souvent, l'éducation d'une personne entraîne des bénéfices de ce genre pour son entourage. Ainsi, l'éducation améliore la socialisation, ce qui se traduit notamment par un taux de délinquance plus faible pour les personnes les plus éduquées [2]. Le niveau d'éducation des mères exerce un impact positif sur la santé

---

1. Source : *ibid.*

2. L'étude de Lance Lochner et Enrico Moretti, « The Effect of Education on Criminal Activity : Evidence from Prison Inmates, Arrests and Self-Reports », *NBER Working Paper*, n° 8606, 2001, portant sur les États-Unis sur la période 1960-1980, montre qu'avoir suivi des études au lycée accroît significativement les gains de l'éducation pour l'ensemble de la collectivité. Ces gains se situent dans une fourchette comprise entre 14 % et 26 % des gains privés de l'éducation correspondant aux suppléments de salaires qu'elle permet d'obtenir.

de leurs enfants, même dans les pays riches [1]. En outre, la transmission de savoir-faire par de simples discussions ou par l'observation contribue à l'efficacité sociale de l'éducation. Les performances d'un élève sont généralement influencées par le niveau moyen des performances des autres élèves appartenant au même établissement [2]. De même, la productivité de chaque travailleur dépend du savoir-faire de ses collègues [3]. En règle générale, la formation individuelle a des conséquences sociales qui ne sont pas nécessairement valorisées sur un marché. Dans ce cas, les rendements sociaux de l'éducation sont supérieurs aux rendements privés et les décisions individuelles conduisent à un niveau de formation trop faible.

Il y a donc de bonnes raisons justifiant l'intervention de l'État en matière d'éducation. Mais rien ne nous dit que les pouvoirs publics interviennent systématiquement à bon escient et de façon efficace. Il est donc essentiel d'évaluer l'impact des interventions publiques afin d'apprécier les circonstances dans lesquelles elles sont souhaitables et, le cas échéant, les modalités qu'elles doivent prendre. Cette évaluation pose des problèmes redoutables (et souvent insoupçonnés) qui ont été en partie résolus au cours de la dernière décennie. Les progrès réalisés dans ce domaine apportent un

---

1. Ce constat est établi dans l'article de Janett Currie et Enrico Moretti, « Mother's Education and the Intergenerational Transmission of Human Capital : Evidence from College Openings and Longitudinal Data », *NBER Working Paper*, n° 9360, 2002.

2. Eric Hanushek, John Kain, Jacob Markman et Steven Rivkin, « Does Peer Ability Affect Student Achievement ? », *Journal of Applied Econometrics*, à paraître.

3. Par exemple, de nombreuses études portant sur l'industrie navale aux États-Unis lors de la Deuxième Guerre mondiale ont montré que ce type d'externalités a contribué significativement à l'accroissement de la productivité du travail dans cette industrie durant cette période. Voir l'article de Rebecca Thornton et Peter Thompson, « Learning from Experience and Learning from Others : An Exploration of Learning and Spillovers in Wartime Shipbuilding », *American Economic Review*, vol. 91, 2001, p. 1350-1368.

éclairage nouveau sur les conséquences des politiques de formation.

Comment évaluer les politiques publiques de l'emploi ?

Pour savoir si un dispositif de formation améliore les perspectives d'emploi des personnes qui en bénéficient, il suffit de répondre à la question : quel aurait été le parcours de ces mêmes personnes si elles n'avaient pas bénéficié de ce dispositif ? Seule la comparaison de ces deux parcours, respectivement avec et sans « passage en mesure », peut donner un indicateur objectif de l'efficacité de la mesure. Malheureusement, une telle comparaison est impossible, car personne dans le monde réel ne jouit du don d'ubiquité. Si nous savons que M. Durand a bénéficié d'un stage de formation de six mois et qu'il a trouvé un emploi à la sortie de ce stage, nous ne savons pas ce que serait devenu M. Durand s'il n'avait pas bénéficié de ce stage. C'est vrai, mais c'est néanmoins la bonne manière d'aborder la question de l'efficacité d'une mesure car, si nous ne savons pas ce que serait devenu M. Durand sans son stage, en revanche, nous savons ou pouvons savoir ce qu'est devenue une personne qui lui ressemble et qui n'a pas bénéficié du stage. Imaginons que le stage auquel a participé M. Durand soit ouvert à tous les chômeurs de plus de 25 ans sans diplôme. Imaginons aussi que nous connaissions un autre chômeur de plus de 25 ans sans diplôme, M. Dupont, qui n'a pas suivi le stage en question. L'utilité du stage pour M. Durand pourrait s'apprécier en comparant son parcours à celui de M. Dupont. Supposons que six mois, deux ans ou cinq ans après la fin du stage, nous observons que M. Durand occupe un emploi tandis que M. Dupont est toujours au chômage. Pouvons-nous dire que le stage a été utile à M. Durand ? Non, car M. Durand possède peut-être certaines caractéristiques (il a une expérience professionnelle plus riche, un temps passé au chômage plus bref, il est plus élégant que M. Dupont, il parle mieux, il s'intègre plus facilement dans le milieu de l'entreprise, il est plus motivé, plus intelligent, etc.) parmi lesquelles se trouvent les véritables causes de son succès, sans que le stage n'y soit pour rien. Ce problème est inhérent au fait que l'entrée en stage résulte d'une sélection, de la part des travailleurs qui décident de postuler, mais aussi des autorités publiques, qui disposent généralement d'un nombre limité de places. On ne peut donc sérieusement évaluer les conséquences d'un programme public sans traiter ce « biais de sélectivité ».

La prise de conscience de ce problème, classique dans le domaine du traitement médical, a profondément renouvelé l'évaluation des politiques publiques [1]. Ce renouvellement a tout d'abord consisté à prendre en compte le plus grand nombre possible d'informations répertoriées dans les enquêtes afin de comparer les performances d'individus dont les caractéristiques sont aussi proches que possibles. Dans cette perspective, on construit deux groupes – l'un formé de personnes ayant suivi le stage (le groupe test), l'autre formé de personnes ne l'ayant pas suivi (le groupe témoin) – tels que chaque caractéristique individuelle se retrouve avec la même fréquence au sein de chaque groupe (cela veut dire que chaque groupe devra avoir la même proportion de femmes, la même proportion de personnes n'ayant aucune expérience professionnelle, etc.). En pratique, il faut recueillir des renseignements sur les parcours de plusieurs milliers, voire plusieurs dizaines de milliers de chômeurs de plus de 25 ans sans diplôme. Il faut aussi recueillir le plus grand nombre possible de renseignements sur leurs caractéristiques individuelles. On peut alors procéder à la comparaison des parcours moyens du groupe test et du groupe témoin, et donc émettre un constat sur l'impact moyen du

---

1. Les travaux de James Heckman, consacrés pour une grande partie à l'évaluation des politiques publiques, ont été couronnés par le prix Nobel d'économie en 2000. L'article précurseur de D. Rubin paru en 1974, « Estimating Causal Effects of Treatments in Randomized and Non Randomized Studies », *Journal of Educational Psychology,* vol. 66, p. 688-701, portait sur l'évaluation des traitements dans le domaine médical.

stage pour des personnes qui ont des caractéristiques observables similaires.

Mais ce constat ne permet pas de juger de l'efficacité du stage, dans la mesure où l'on ne peut exclure que les personnes qui ont suivi le stage ont des caractéristiques non répertoriées particulières, différentes de celles qui n'en ont pas bénéficié [1]. Par exemple, les personnes qui suivent le stage peuvent être plus motivées et plus dynamiques. Auquel cas, si l'on constate que ces personnes obtiennent ensuite plus fréquemment un emploi que celles qui ne l'ont pas suivi, et dont les caractéristiques observables sont identiques, on ne saura pas si cela provient du stage ou des caractéristiques non observables particulières de ses bénéficiaires. On peut penser qu'il y a de bonnes chances d'annuler ou de réduire considérablement l'influence des caractéristiques non observables si la liste des caractéristiques observables est suffisamment longue. De nombreuses études montrent que ce n'est généralement pas le cas. Les statisticiens, conscients de ces problèmes, ont mis au point des méthodes pour tenir compte de ces biais de sélectivité [2].

---

1. Pour neutraliser les effets des caractéristiques non répertoriées, l'idéal serait de pouvoir mettre en œuvre une expérience « contrôlée ». Pour cela, il faudrait tirer complètement au hasard deux groupes de, par exemple, 10 000 personnes chacun, dans l'ensemble des chômeurs de plus de 25 ans sans diplôme. Un groupe suivrait le stage (c'est le groupe test) et l'autre groupe ne le suivrait pas (c'est le groupe témoin). La comparaison des parcours moyens de ces deux groupes donnerait un indicateur de l'efficacité du stage. Dans le domaine des aides à l'emploi, cette pratique est peu répandue, surtout en Europe et les statisticiens doivent travailler avec les données du monde réel et suivre la technique de l'appariement. Le *Self-Sufficiency Project,* décrit *supra* dans le chapitre 4, est une expérience contrôlée dans le domaine des incitations au travail réalisée au Canada.

2. Le lecteur intéressé peut consulter l'article de Thomas Brodaty, Bruno Crépon et Denis Fougère, « Développements récents dans l'évaluation des politiques d'emploi », disponible sur http://www.crest.fr/pageperso/lmi/fougere/fougere.htm, à paraître dans *Économie et prévision.*

Si, en définitive, il est établi que l'efficacité moyenne du stage est positive, cela ne voudra évidemment pas dire que ce stage a été favorable à tous ceux qui l'ont suivi. Cela voudra simplement dire, et c'est l'essentiel, que le stage améliore en moyenne les perspectives d'emploi : il peut les améliorer beaucoup pour certains et les détériorer pour d'autres.

Les aides publiques à la formation des adultes

Les évaluations des programmes de formation prenant en compte les problèmes de sélectivité proviennent, dans leur écrasante majorité, des États-Unis [1]. Les évaluations européennes ont débuté plus tard et sont encore assez rares, bien que leur nombre ait crû de manière significative depuis le milieu des années 1990. De tous ces travaux, il ressort que seuls les programmes de formation destinés aux femmes de plus de 25 ans, issues de milieux défavorisés, jouissent d'une certaine efficacité. En revanche, ces programmes sont nettement moins bénéfiques pour les hommes adultes et même franchement décevants pour les jeunes, surtout pour ceux de sexe masculin. Il apparaît aussi que ce sont les individus les moins qualifiés qui tirent le moins d'avantage des programmes de formation. Comme ces programmes coûtent cher, leur rendement net est assez souvent négatif, ce qui signifie qu'il serait sans doute préférable de donner directement les ressources utilisées aux bénéficiaires plutôt que de leur faire suivre des programmes qui n'améliorent pas vraiment leur situation sur le marché du travail, voire les handicapent en les stigmatisant.

Dans le même registre, en France, les bienfaits si souvent proclamés de la « formation continue » ne sont pas du tout

---

1. Voir la synthèse de James Heckman, Robert Lalonde et John Smith, « The Economics and Econometrics of Active Labor Market Programs », dans Orley Ashenfelter et David Card (éds), *Handbook of Labor Economics*, Amsterdam, Elsevier Science Publisher, vol. 3a, 1999, chap. 31, p. 1865-2097.

établis. À l'origine, c'est pour pallier le danger d'un sous-investissement en formation – nous avons vu que ce danger est réel – que notre pays a mis en place depuis 1971 un système contraignant les entreprises de plus de 10 salariés à dépenser, à partir du 1er janvier 2004, 1,6 % de la masse salariale à la formation de leurs employés. Tout employeur n'ayant pas atteint ce niveau de dépenses doit verser la différence à des organismes de formation. En exploitant les renseignements d'une vaste enquête de l'Insee sur ce sujet, Dominique Goux et Eric Maurin [1] ont constaté que le gain salarial d'un employé ayant suivi une formation continue semble être de prime abord considérable : de l'ordre de 5 % pour une *semaine* de formation ! Si ce chiffre correspond à un véritable lien de cause à effet, il faut immédiatement et massivement promouvoir ce type de formation, nettement plus rentable que le système éducatif traditionnel qui améliore les salaires dans une fourchette comprise entre 5 % et 15 % par *année* d'étude. Malheureusement, les auteurs de l'enquête montrent qu'il n'y a pas de miracle : le supplément de salaire des travailleurs qui bénéficient de la formation professionnelle provient uniquement de leurs caractéristiques personnelles. En d'autres termes, ce sont les salariés jugés les plus productifs pour l'entreprise qui bénéficient des stages de formation et des plus fortes hausses de salaire. Les salariés qui auraient le plus besoin de formation n'y accèdent pratiquement pas, car les entreprises ont intérêt à cibler leur effort de formation sur les employés ayant le plus fort rendement pour elles (cadres, techniciens, employés déjà qualifiés). Elles ont aussi intérêt à cibler leur effort de formation sur des métiers et des compétences très spécialisées qui, dans la majorité des cas, ne pourront pas être valorisés à l'extérieur. Cela explique la longévité dans l'entreprise des

1. Voir leurs articles, « Les entreprises, les salariés et la formation continue », *Économie et statistique*, n° 306, 1997, p. 41-55, et « Returns to Firm-provided Training : Evidence from French Worker-firm Matched Data », *Labour Economics*, 7 (1), 2000, p. 1-20.

bénéficiaires et l'absence constatée d'avantages salariaux ultérieurs pour ceux qui changent d'entreprise après avoir été formés (et qui sont en l'occurrence très peu nombreux).

Le dispositif de formation continue « à la française » ne contribue donc pas à améliorer significativement les capacités des travailleurs peu formés au départ. Les entreprises qui ont besoin de former leurs employés à l'exécution de tâches spécifiques l'auraient fait en l'absence de ce dispositif (ces entreprises dépensent en général plus que le minimum obligatoire) et, pour toutes les autres, les dépenses de formation se transforment en stages récompensant les meilleurs employés ou en « impôt » versé aux organismes de formation [1]. Pourtant, notre pays persiste à poursuivre dans cette voie. Ainsi, l'accord national interprofessionnel du 20 septembre 2003 relatif à « la formation tout au long de la vie professionnelle », signé par tous les syndicats, y compris la GGT et le MEDEF, augmente les dépenses de formation professionnelle (le seuil minimum passe de 1,5 % à 1,6 % de la masse salariale pour les entreprises de plus de 10 salariés et les entreprises de moins de 10 salariés doivent désormais contribuer à hauteur de 0,4 % de leur masse salariale) et prévoit que chaque salarié à plein temps bénéficiera, à partir du 1er janvier 2004, de 20 heures de formation par an (ou de 120 heures cumulables sur 6 ans). Ces mesures ne font qu'accentuer les défauts du dispositif existant. Désormais chacun pourra se former un peu, sans que cela améliore sa situation (en moyenne, le « rendement » de 20 heures de formation professionnelle continue est à peu près nul). Les règles du jeu n'ayant pas fondamentalement changé, il n'y a aucune raison que les acteurs modifient leur comportement et il n'y a donc rien à espérer de ces nouvelles mesures. Pourtant cet accord a été unanimement salué. La formation continue pour tous et, plus encore, la « formation tout au long de la vie » font partie des fausses bonnes idées : il suffi-

1. Ce constat est bien documenté dans l'article d'Emmanuel Delame et Francis Kramarz, « Entreprises et formation continue », *Économie et prévision*, n° 127, 1997, p. 63-82.

rait de leur consacrer de plus en plus de moyens pour que leurs bénéfices se fassent de plus en plus sentir. En réalité, l'efficacité de ce type de politique n'est guère prouvée et le consensus qui l'entoure relève plus de la foi – toute formation est bonne *par essence* – que d'un examen objectif des résultats. Il n'en va pas de même pour les programmes destinés aux jeunes enfants issus de milieux défavorisés.

Aider les enfants et adolescents issus de milieux défavorisés

Les aides ciblées sur des jeunes enfants issus de milieux défavorisés sont nettement plus efficaces que celles portant sur les adultes. Le *Perry Preschool Program,* mis en place dans l'État du Michigan depuis 1962, est une référence en la matière [1]. Le but de ce programme est de développer les capacités intellectuelles et de favoriser la socialisation. Il est destiné à des enfants âgés de 3 ou 4 ans. Ces derniers bénéficient d'un encadrement préscolaire quotidien de deux heures et demie du lundi au vendredi inclus, dispensés dans des groupes de petits effectifs (un adulte pour six enfants) et durant deux années. Les intervenants ont des entretiens hebdomadaires d'une heure et demie avec les parents durant cette période et les parents se retrouvent par petits groupes tous les mois.

Les effets du *Perry Preschool Program* ont été évalués grâce à une expérience contrôlée impliquant 123 enfants afro-américains issus de milieux défavorisés et possédant un quotient intellectuel faible (entre 70 et 85). Parmi les 123 enfants, 58 ont bénéficié du programme et 65 ont été affectés à un groupe témoin qui n'en a pas bénéficié. Les enfants participant à l'expérience ont été suivis à intervalles réguliers jusqu'à l'âge adulte de 27 ans. Le graphique ci-dessous résume les

1. Voir la présentation de Greg Parks, « The High Scope Perry Preschool Project », Juvenile Justice Bulletin, octobre 2000, p. 1-7, US Department of Justice, disponible sur www.ncjrs.org/pdffiles1/ojjdp/181725.pdf.

coûts et les bénéfices de ce programme. On constate qu'il modifie considérablement le degré d'insertion sociale et les gains salariaux. Chaque dollar investi dans ce programme rapporte à l'État 7,2 $ sous forme d'économie, en aide sociale (0,3 $), en aide éducative future (0,5 $), en dépenses pénitentiaires, judiciaires et en dommages infligés aux victimes (5,7 $), sans oublier le surcroît de recettes fiscales qu'implique l'amélioration des salaires des bénéficiaires (0,7 $). Outre leur impact positif sur le bien-être des bénéficiaires et sur la réduction des inégalités, les dépenses engagées dans le cadre du *Perry Preschool Program* ont donc un rendement largement positif pour le budget de l'État.

Coûts et bénéfices par participant du *Perry Preschool Program*

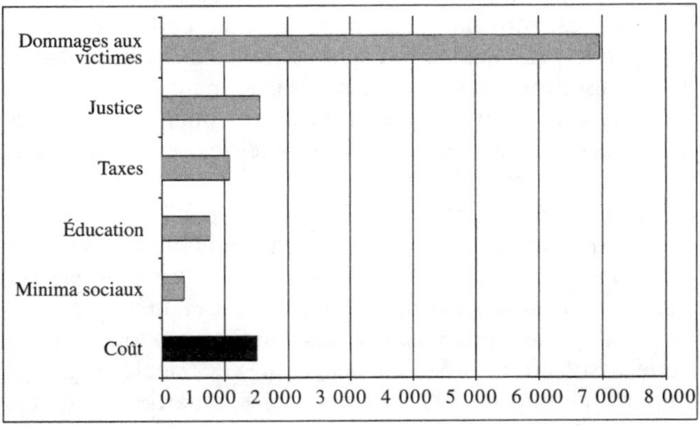

Source : http://www.highscope.com/research/Perry%20fact%20sheet.htm
Légende : coûts (en noir) et bénéfices (en gris) en $ 2000.

Le succès du *Perry Preschool Program* est dû à quelques ingrédients que l'on retrouve dans tous les programmes ayant fait la preuve de leur efficacité. Tout d'abord, il est étroitement ciblé et son budget est élevé : le coût annuel par participant est plus de trois fois plus important que celui d'un enfant en école primaire en France [1]. En second lieu, le *Perry Preschool Program* aide les enfants en s'appuyant sur leur milieu familial. La participation des parents est une des clefs de la réussite du programme et, de plus, on constate que les parents dont les enfants ont bénéficié du *Perry Preschool Program* dépendent moins des minima sociaux et retournent plus facilement vers l'emploi.

Enfin, on a aussi constaté que les enfants suivis par le *Perry Preschool Program* n'ont pas amélioré leurs performances aux tests de quotient intellectuel, mais ils ont obtenus de meilleurs résultats aux tests évaluant les capacités non cognitives, telles que la motivation et l'autodiscipline. Les capacités cognitives ne jouent donc pas toujours un rôle déterminant en matière d'insertion sociale et de réussite professionnelle. L'évaluation des systèmes éducatifs ne devrait pas être uniquement centrée sur les connaissances acquises, comme c'est souvent le cas, mais aussi sur certaines dimensions de la personnalité qui sont au moins aussi importantes pour l'insertion dans la société et sur le marché du travail [2]. Ce constat indique aussi qu'il n'est sans doute pas possible de demander à l'école de suppléer toutes les déficiences de la société pour assurer l'avenir des enfants.

De ce point de vue, les évaluations disponibles suggèrent que les réseaux de tuteurs pour enfants et adolescents ont un rôle important à jouer. Ainsi, l'association *Big Brothers Big Sisters* organise des tutorats pour des jeunes Américains âgés de 10 à 16 ans appartenant à des familles monoparentales. Cette association, créée au début du XIXe siècle, regroupe aujourd'hui plus de 500 agences locales, réparties sur tout le territoire des États-Unis et supervise environ 75 000 tutorats. Les agences locales sont financièrement autonomes, mais

---

1. Voir le rapport de l'OCDE, « Petite enfance, grands défis. Éducation et structures d'accueil », OCDE, 2001, et l'article de Pedro Carneiro et James Heckman, « Human Capital Policy », *NBER Working Paper*, n° 9495, février 2003, disponible sur www.nber.org.

2. Pedro Carneiro et James Heckman, « Human Capital Policy », art. cit.

doivent respecter des critères d'organisation et de contrôle des tutorats pour appartenir au réseau *Big Brothers Big Sisters.* Ces critères concernent essentiellement la sélection des jeunes et des tuteurs, la formation des tuteurs et la fréquence des rencontres entre jeunes et tuteurs (un minimum de trois rencontres de 3 à 4 heures par mois durant au moins un an est requis), sans oublier des rencontres triparties entre les tuteurs, les enfants et les parents. La conséquence de ces exigences est que ce système est onéreux : il coûte 1 000 $ (soit environ 1 000 €) par enfant encadré.

L'efficacité de l'action des *Big Brothers Big Sisters* a pu être évaluée grâce à une expérience contrôlée menée au milieu des années 1990 [1]. Dans un premier temps, on a sélectionné 1 138 enfants ayant le profil pour être encadrés par des *Big Brothers Big Sisters.* Parmi ceux-ci, 487 ont été tirés au sort pour bénéficier effectivement de cet encadrement. Ils forment le groupe test. Les autres forment le groupe témoin et ont été placés sur une liste d'attente pour une période d'au moins 18 mois, ce qui correspond à la durée normale d'attente. La comparaison du comportement des enfants du groupe test et du groupe témoin s'effectue 18 mois après la première rencontre avec le tuteur. Il apparaît que l'usage de drogue diminue de 46 %, la consommation d'alcool baisse de 27 % et le nombre de délits et le taux d'absentéisme scolaire diminuent significativement au sein du groupe des bénéficiaires du programme (les *Little Brothers* et les *Little Sisters*). On observe aussi une légère amélioration des résultats scolaires et des relations avec la famille. Les évaluations d'autres interventions s'inscrivant dans la même logique, recensées par Pedro Carneiro et James Heckman, aboutissent à des conclusions similaires [2]. Dans l'ensemble, les mesures consistant à aider les enfants et les adolescents dans la pour-

1. Joseph Tierney, Jean-Baldwin Grossman et Nancy Resch., « Making a Difference, an Impact Study of Big Brother Big Sisters », Public Private Ventures, 2000, disponible sur www.ppv.org/content/reports/makingadiff.html.

2. Pedro Carneiro et James Heckman, « Human Capital Policy », art. cit.

suite de leurs études par un système de tutorats encadré par des règles strictes donnent des résultats significatifs, surtout lorsque ces mesures concernent les enfants jeunes issus de milieux défavorisés.

La reproduction des inégalités

Il existe des périodes critiques du développement durant lesquelles les voies principales qui régulent les possibilités d'agir et de comprendre sont mises en place et peuvent être modulées. La motivation, la capacité à apprendre, la maîtrise des relations sociales s'acquièrent dès les premières années et conditionnent les perspectives futures des enfants [1]. Les expériences accumulées en neurobiologie nous apprennent que la chimie cérébrale est influencée par l'environnement. Par exemple, chez les hommes exposés tôt à des situations stressantes, on a observé des retards dans le développement de l'hippocampe – qui forme une partie du cerveau impliquée dans la consolidation des souvenirs – et des modifications des neurotransmetteurs. L'exemple, plus anecdotique, de l'apprentissage des langues étrangères illustre ce type de phénomène de manière flagrante : il a été établi qu'il est pratiquement impossible de prononcer certains sons si ceux-ci

1. Jack Shonkoff et Deborah Phillips, *From Neurons to Neighborhoods : The Science of Early Childhood Development,* Washington DC, National Academic Press, 2000. Plus généralement, le développement des neurosciences depuis vingt ans contribue à améliorer significativement la connaissance des processus d'apprentissage et de constitution des personnalités, bien qu'il reste encore beaucoup de zones d'ombre dans ce domaine. Le manuel de Deric Bownds, *La Biologie de l'esprit. Origines et structures de l'esprit, du cerveau et de la connaissance,* Dunod, 2001, donne une présentation accessible et bien documentée des principaux enseignements des recherches sur le cerveau. Le rapport de l'OCDE, « Comprendre le cerveau. Vers une nouvelle science de l'apprentissage », OCDE, 2002, présente une synthèse des applications de ces recherches dans le domaine de l'éducation en soulignant leur caractère très exploratoire.

n'ont pas été entendus et émis avant l'âge de six ans [1]. La particularité de la prononciation de la langue française, exempte d'accent tonique, conduit les Français à parler la plupart des langues étrangères avec un accent immédiatement reconnaissable, sauf pour ceux qui ont eu l'opportunité de les assimiler dès leur plus jeune âge. L'acquisition d'autres traits de personnalité, tels que la motivation, l'aptitude verbale, la mémoire, la maîtrise des relations sociales, la capacité à apprendre et à prendre des décisions, plus essentielles à l'insertion et la réussite sociale, procède de la même logique.

De nombreux éléments indiquent que le milieu familial détermine en profondeur le développement des capacités des enfants et des adolescents, et exerce donc une influence prépondérante sur leur réussite scolaire et leur devenir d'adulte [2]. Ainsi, le redoublement à l'école primaire décroît significativement avec le revenu et le niveau de diplôme des parents et des grands-parents [3]. Cependant, les contraintes

---

1. Voir sur ce point, et sur bien d'autres concernant la plasticité du cerveau, la deuxième partie de l'ouvrage de Deric Bownds, *La Biologie de l'esprit, op. cit.*

2. Les relations entre origine sociale et destinée scolaire en France sont bien mises en évidence dans l'article de Claude Thélot et Louis-André Vallet, « La réduction des inégalités sociales devant l'école depuis le début du siècle », *Économie et statistique,* n° 334, 2000, p. 3-32. Thélot et Vallet montrent que l'origine sociale influence profondément la destinée scolaire et soulignent aussi que le système éducatif s'est démocratisé au cours du XXe siècle. Au-delà de l'allongement général de la durée des études, qui favorise mécaniquement l'accession à des diplômes plus élevés pour les enfants d'origine sociale modeste (mis à part les grandes écoles), il existe en effet une démocratisation qualitative de l'école, qui a aussi favorisé la promotion sociale des personnes issues de milieux modestes, surtout depuis les années 1960.

3. Les effets précis des contributions respectives du revenu et du diplôme des parents ne sont pas encore clairement établis. Voir Éric Maurin, « The Impact of Parental Income on Early Schooling Transitions. A Re-examination Using Data over Three Generations », *Journal of Public Economics,* vol. 85, 2002, p. 301-332, et Pedro Carneiro et James Heckman, « Human Capital Policy », art. cit.

financières directement liées au coût de l'éducation primaire ne peuvent être la cause de l'échec relatif des enfants issus de milieux défavorisés. Cet enseignement est gratuit et, pour les familles modestes, son coût est très largement pris en charge par la collectivité. Les contraintes financières, tout comme l'éducation des parents, agissent principalement sur la qualité de l'environnement des enfants *en dehors* du milieu scolaire. Et c'est vraisemblablement cet environnement qui importe le plus en matière de réussite scolaire et d'insertion sociale.

L'étude de Dominique Goux et d'Éric Maurin est à cet égard très instructive [1]. Ceux-ci ont constaté que les adolescents de 15 ans partageant leur chambre avec au moins un frère ou une sœur – soit un adolescent sur cinq – redoublent nettement plus que les adolescents du même âge disposant d'une chambre individuelle. Bien sûr, les adolescents qui partagent leur chambre vivent majoritairement dans des milieux peu fortunés. Le constat précédent peut donc simplement signifier que les adolescents dont les parents ont de faibles revenus réussissent moins bien à l'école. Goux et Maurin parviennent néanmoins à des conclusions nettement plus riches grâce à la mise en œuvre d'une stratégie astucieuse. En premier lieu, ils trouvent que la probabilité de partager sa chambre est plus grande pour les adolescents dont les parents ont eu des enfants de même sexe. Ils montrent ensuite que ces adolescents redoublent plus que leurs homologues dont les parents ont eu des enfants de sexes différents. Pour un même niveau de revenu, la moindre réussite scolaire des adolescents dont les parents ont eu des enfants de même sexe peut donc être entièrement attribuée à l'espace vital plus restreint dont ils disposent. Plus généralement, l'exiguïté des logements exerce un impact significatif sur l'échec scolaire et, à l'inverse, la réussite scolaire est intimement liée au confort psychologique et sanitaire des

1. Dominique Goux et Éric Maurin, « The Effect of Overcrowded Housing on Children's Performance at School », mimeo, Crest-Insee, 2001, à paraître dans le *Journal of Public Economics*.

enfants [1]. Le revenu des parents et leur niveau d'éducation font partie des facteurs influençant ce confort. La reproduction sociale est en grande partie le résultat de ce qui se passe dans la famille dans la prime enfance et dans l'adolescence. Le système scolaire peut aussi, bien entendu, avoir une influence dans ce domaine, mais il ne faut pas tout en attendre.

Les limites des interventions dans l'enseignement secondaire et primaire

Est-il rentable de diminuer le nombre d'élèves par classe ? Faut-il, plus généralement, accroître le taux d'encadrement de l'ensemble des élèves et les dépenses dans l'enseignement primaire et secondaire ? De nombreuses études menées dans les années 1990 aux États-Unis (où le coût de l'enseignement primaire et secondaire est pris en charge par l'État) apportent des éléments de réponse à ces questions. Les résultats de chaque étude consacrée à ce type d'évaluations sont très controversés. Néanmoins, la confrontation de plusieurs centaines de contributions [2] conduit à la conclusion que les dépenses par élève et la taille des classes n'ont pas vraiment d'effet sur la probabilité de prolonger les études et sur les revenus futurs des élèves [3]. Ces résultats ne signifient pas

1. Ce résultat est confirmé par de nombreuses études réalisées par des médecins, des psychologues et des sociologues. Ces études sont commentées dans *ibid.*

2. On pourra consulter la contribution d'Erik Hanushek, « Public provided education », dans A. Auerbach et M. Feldstein (eds), *Handbook of Public Economics*, Amsterdam, Elsevier Science Publisher, vol. 4, 2002, chap. 30, p. 2045-2141, qui propose une synthèse de 376 études publiées sur le sujet et qui montre clairement qu'il ne ressort, en moyenne, pas d'impact positivement significatif des dépenses consistant à accroître le nombre d'enseignants par élève, le salaire des enseignants et les dépenses par élève sur les performances des élèves mesurées par leur réussite aux tests ou par leurs performances sur le marché du travail.

3. Nous nous appuyons en grande partie sur la synthèse de Pedro Carneiro et James Heckman, « Human Capital Policy », art. cit.

que la qualité de l'enseignement n'a aucune influence sur les performances individuelles. Ils indiquent plutôt qu'un saupoudrage des aides sur l'ensemble de l'enseignement primaire et secondaire n'est pas socialement efficace.

L'analyse de l'impact des zones d'éducation prioritaire (ZEP) suggère que la France est dans une situation proche de celle des États-Unis dans ce domaine. Les ZEP, mises en place en 1982, ont pour objectif d'affecter des moyens supplémentaires vers des aires géographiques particulièrement difficiles afin d'offrir aux établissements scolaires qui s'y trouvent la possibilité de mener une pédagogie mieux adaptée à leur public. La sélection des établissements s'effectue sur la base de critères tels que la composition socioprofessionnelle des familles, le taux de chômage des parents, la présence d'enfants étrangers et la proportion de retards scolaires. Un établissement classé en ZEP bénéficie d'un accroissement d'environ 10 % des ressources par élève. Ce supplément de ressource est essentiellement consacré à réduire les effectifs par enseignant et à donner des primes (de l'ordre de 1 000 € par an) aux personnels enseignant et administratif. Les politiques éducatives mises en place dans les ZEP mobilisent des ressources conséquentes et l'on attend qu'elles soient pour le moins utiles. Rien n'est moins sûr. L'étude menée par Roland Bénabou, Francis Kramarz et Corinne Prost [1] sur l'ensemble de ces zones ne fait apparaître

1. Roland Bénabou, Francis Kramarz et Corinne Prost, « Augmenter les ressources des collèges défavorisés : une évaluation empirique des zones d'éducation prioritaires », mimeo, Crest-Insee, 2003. Selon les auteurs, les moyens financiers mis en œuvre ne se sont pas traduits par une amélioration significative des moyens éducatifs. La taille des classes, le ratio enseignants/élèves, la qualification ou l'expérience des enseignants restent, en effet, très proches de ce qu'ils étaient auparavant dans les établissements qui passent en ZEP. En revanche, ces établissements sont confrontés à une diminution du nombre d'élèves, qui peut s'expliquer par un phénomène de stigmatisation, entraînant une réduction des arrivées et un accroissement des départs vers d'autres établissements publics ou privés, notamment d'élèves provenant de milieux socio-économiques relativement favorisés.

aucun effet significatif sur la réussite des élèves (cette dernière est mesurée par le taux de passage en quatrième et en seconde, et par le succès au baccalauréat).

Ces résultats laissent songeurs lorsqu'on les compare à ceux obtenus par Dominique Goux et Éric Maurin dans leur étude de l'influence du logement sur la réussite scolaire [1]. D'un côté, il est montré que les moyens financiers alloués aux ZEP n'ont pas d'effet sur le devenir scolaire des enfants et des adolescents et, de l'autre, on constate que les adolescents dont les parents ont eu des enfants du même sexe redoublent plus souvent que les autres. Ainsi, des événements *a priori* anodins (comme avoir des enfants de même sexe) peuvent avoir un effet important sur le devenir scolaire, alors que des projets pédagogiques de grande ampleur n'en ont pratiquement aucun. Les résultats de ces deux études soulignent le besoin d'évaluer précisément les interventions publiques en matière d'éducation. Dans ce domaine, il est possible de dépenser beaucoup sans bénéfices apparents pour les publics censés être concernés.

Pour Roland Bénabou et ses collègues, l'échec des ZEP doit être imputé en grande partie à un problème de ciblage. Les programmes d'aide devraient concentrer des moyens importants sur un nombre plus restreint d'établissements en fonction de critères explicites et transparents plutôt que d'appliquer une politique uniforme, et forcément moins généreuse. Les auteurs soulignent aussi qu'il est indispensable d'évaluer ces interventions grâce à une « méthodologie moderne, comme celle couramment appliquée dans le domaine médical (et plus récemment, social ou éducatif), avec groupes traités et groupes de contrôle, sélection aléatoire, et suivi continu des individus ». L'expérience des *Job Corps* menée aux États-Unis depuis 1964 illustre et conforte cette conclusion.

Les *Job Corps* sont un programme destiné aux jeunes de 16 à 24 ans en situation d'échec scolaire. Environ 60 000

1. Dominique Goux et Éric Maurin, « The effect of Overcrowded Housing on Children's Performance at School », *art. cit.*

jeunes sont enrôlés chaque année dans ce programme qui possède la particularité d'être très coûteux. Les *Job Corps* proposent des cours, des stages d'apprentissage, un encadrement dans un large éventail d'activités périscolaires destinées à favoriser la responsabilité personnelle et l'autodiscipline. Les participants doivent nécessairement résider dans les institutions offrant ces programmes. Chaque jeune reste environ huit mois dans le programme et coûte en moyenne 16 500 $ (approximativement autant en euros) à la collectivité. La comparaison de ce montant avec la dépense annuelle moyenne pour un élève du secondaire, qui est de 7 000 € en France, indique que les *Job Corps* sont effectivement très coûteux.

Leur efficacité a pu être évaluée grâce à une expérience contrôlée [1], réalisée au milieu des années 1990, qui a comparé les performances de près de 7 000 jeunes ayant bénéficié de ce programme (ils forment le groupe test) avec celles de 4 500 jeunes qui désiraient en bénéficier, mais qui n'y ont pas eu accès (ils forment le groupe témoin). Les deux groupes ont été suivis pendant quatre ans après leur sortie du programme. Les adolescents passés par les *Job Corps* obtiennent des revenus de 12 % plus élevés à la fin de la quatrième année. Ils chutent moins dans la délinquance : leur taux d'arrestation est inférieur de 16 % à celui des jeunes appartenant au groupe témoin n'ayant pas bénéficié du programme. Ces résultats indiquent que des programmes ciblés, disposant de moyens conséquents, peuvent nettement améliorer l'insertion des jeunes en difficulté. Certes, les gains de ces programmes doivent être comparés avec leurs coûts et, sur ce point, les évaluations disponibles divergent [2]. Mais la comparaison des coûts et des gains d'un programme n'est

---

1. John Bughardt, Peter Shochet, Sheena McConnell, Terry Johnson, Mark Gritz, Steven Glazerman, John Homrighausen et Russell Jackson, « Does Job Corps Work ? », 2001, disponible sur http://wdr.doleta.gov.

2. Pedro Carneiro et James Heckman, « Human Capital Policy », art. cit.

qu'un des éléments à retenir. Selon le critère popularisé par John Rawls [1], on peut adopter un programme dès lors qu'il améliore la condition des plus défavorisés, même si le coût d'une telle intervention dépasse largement ses bénéfices pour l'ensemble de la société. De ce point de vue, l'évaluation des *Job Corps* suggère que des programmes ciblés vers les jeunes en difficultés sont efficaces.

Les évaluations des interventions publiques en matière de formation et d'éducation aboutissent, somme toute, à des résultats convergents. Rappelons-les brièvement. Les « rendements » de l'éducation diminuent avec l'âge pour toutes les catégories de la population. En d'autres termes, plus on se rapproche de la fin de la vie active, moins la formation devient rentable. L'efficacité de l'éducation est plus élevée pour les très jeunes enfants ayant des capacités d'apprentissage et de socialisation faibles, que pour les très jeunes enfants ayant des capacités élevées. En revanche, les vertus de l'éducation supplémentaire diminuent rapidement avec l'âge pour les personnes ayant de faibles capacités.

Il convient donc de concentrer les aides à la formation sur les *jeunes enfants* issus de milieux socialement défavorisés et/ou dont les capacités d'assimilation sont faibles. Mais, pour être efficaces, ces aides doivent satisfaire trois conditions : elles doivent être ciblées sur une population relativement restreinte, elles ne doivent pas lésiner sur les moyens financiers et elles doivent en grande partie être affectées à des projets impliquant, lorsque cela est possible, le milieu familial. Cela ne veut pas dire qu'il n'y ait aucune action à mener en faveur des *adultes* les plus défavorisés. La conclusion à tirer est plutôt que la formation n'est pas, pour ces personnes, une aide adaptée. Elle n'est pas socialement efficace et elle n'entraîne pas de gains supplémentaires significatifs pour les bénéficiaires. À choisir, il vaut mieux subventionner l'embauche de cette catégorie de travailleurs grâce, par exemple, à des abaissements de charges sociales

1. John Rawls, *Théorie de la justice*, Gallimard, 1984.

ou des réductions d'impôts. Apprendre coûte cher et ne rapporte pas toujours beaucoup. Accroître systématiquement l'intervention publique en matière d'éducation, de formation permanente et de reconversion professionnelle n'est donc pas toujours la meilleure politique possible. Nous allons voir dans le chapitre suivant que, dans une certaine mesure, les pouvoirs publics ont fait leur ce diagnostic, puisque les « politiques d'emploi » déploient un arsenal impressionnant de dispositifs panachant les créations d'emplois non marchands et les subventions à l'emploi privé, le tout quelquefois agrémenté de périodes de formation. Nous verrons aussi que l'utilisation massive de dispositifs inefficaces aboutit à gaspiller, chaque année, des milliards d'euros.

8

Évaluer et changer les politiques publiques de l'emploi

Travaux d'utilité collective (TUC), aide aux chômeurs créateurs d'entreprise (ACCRE), contrat de réinsertion en alternance (CRA), contrat de retour à l'emploi (CRE), programme d'insertion locale (PIL), contrat emploi solidarité (CES), contrat emploi consolidé (CEC), crédit formation individualisé (CFI), actions d'insertion et de formation (AIF), contrat initiative emploi (CIE), nouveaux services emplois jeunes, contrat jeune en entreprise (CJE), stage de mise à niveau (SMAN), stage d'accès à l'entreprise (SAE), contrat d'apprentissage, contrat de qualification, contrat d'adaptation, stages AFPA, aide au premier emploi des jeunes (APEJ), stages Granet, stage d'initiation à la vie professionnelle (SIVP), stage d'insertion et de formation à l'emploi (SIFE), stage de réinsertion en alternance (SRA).

Qu'est-ce que c'est ?

Tous ces sigles et appellations désignent des programmes d'aide à l'emploi mis en place par les pouvoirs publics. Certains ont disparu, d'autres existent encore. En France, plus de quatre-vingts dispositifs se sont succédé depuis la fin des années 1970. Ils ont (ou avaient) pour objectif d'améliorer l'« employabilité » des personnes sans travail. Cette expression, peu élégante mais assez évocatrice, fait référence à tous les facteurs susceptibles d'influer sur les perspectives de retour à l'emploi des chômeurs. Ainsi, tous ces programmes cherchent principalement à accroître la formation théorique ou pratique, donner ou redonner des habitudes de travail et accumuler de l'expérience professionnelle [1].

Dans le maquis des dispositifs, dont l'introduction de ce chapitre fournit un faible échantillon, il est judicieux, à l'usage, de retenir un classement ne comportant que deux catégories : les aides à l'emploi dans le secteur public ou associatif ; les aides à l'emploi dans le secteur privé. Pour comprendre de quoi il retourne, donnons un aperçu rapide de quelques-uns des principaux dispositifs existant en France en 2002.

Aides à l'emploi dans le secteur public ou associatif

Dans ce secteur, les dispositifs les plus courants consistent à créer des emplois d'une durée limitée accessibles à des publics en difficulté. Les contrats emploi solidarité (CES), qui existent depuis 1990, illustrent bien cette démarche. Ils prévoient d'employer une personne, sur la base du Smic, pendant vingt heures par semaine, au maximum pendant deux ans, dans les établissements publics, les collectivités territoriales et les associations à but non lucratif.

---

1. Selon la typologie de l'OCDE, les politiques d'aide à l'emploi font partie des politiques « actives » du marché du travail. On les oppose aux politiques dites « passives » qui, à l'inverse, ne cherchent pas à accroître l'employabilité d'un individu, mais qui veillent simplement à ce que la situation matérielle des travailleurs sans emploi soit préservée. Elles portent principalement sur les mesures de retraites anticipées et d'indemnisation du chômage. En pratique, la frontière entre politique active et politique passive s'avère pour le moins poreuse. Par exemple, les mesures d'accompagnement à la recherche d'emploi, que nous avons analysées au chapitre 5, entrent dans la catégorie des politiques actives tandis que l'indemnisation du chômage fait partie des politiques passives. Il vaut donc mieux éviter d'utiliser les termes « actif » et « passif » pour qualifier les politiques d'emploi.

Ils s'adressent à des publics *a priori* en grande difficulté sur le marché du travail (chômeurs de longue durée, bénéficiaire du RMI, de l'allocation de parent isolé, etc.). L'État prend en charge au moins 65 % du coût du travail. Les contrats emplois consolidés (CEC) datent de 1992. Leur but est d'offrir une suite, favorisant plus la formation, aux sortants d'un CES (des accès directs sont possibles). Ils durent au maximum soixante mois. Citons encore les emplois jeunes – de leur vrai nom « nouveaux services emplois jeunes » – qui furent une des mesures emblématiques du gouvernement dirigé par Lionel Jospin. Les employeurs potentiels étaient, entre autres, les établissements publics (dont l'Éducation nationale), les associations, la police nationale et le ministère de la Justice. En principe, le contrat emploi jeune s'appliquait à des activités ayant un « caractère d'utilité sociale ou répondant à des besoins émergents non satisfaits ». Pendant cinq ans, l'employeur recevait une aide équivalente à 80 % du Smic, charges comprises. Le dispositif fut supprimé en 2002 par le gouvernement dirigé par Jean-Pierre Raffarin.

Aides à l'emploi dans le secteur privé

On regroupe sous cette rubrique toutes les subventions versées aux entreprises privées pour la formation et l'embauche de publics particuliers. Entrent dans cette catégorie les abattements de charges sur les bas salaires que nous avons évoqués dans le chapitre 3 consacré au coût du travail, et sur lesquels nous ne reviendrons pas ici. En dehors des abattements de charges, les dispositifs les plus importants sont les contrats d'apprentissage – qui durent de un à trois ans –, et les contrats de qualification – qui durent de six mois à deux ans. Ces contrats sont destinés principalement aux jeunes de 16 à 25 ans. Ils associent une activité professionnelle à un enseignement dispensé dans l'entreprise et dans un centre de formation. Selon leur âge et leur ancienneté dans la mesure, les bénéficiaires perçoivent entre 25 % et 75 % du Smic. Les employeurs sont fortement subventionnés et, selon les cas, sont aussi exonérés des charges sociales. Depuis le mois d'août 2002, les entreprises ont aussi la possibilité d'accueillir des jeunes sur un contrat jeune en entreprise (CJE), qui est la forme « privée » des anciens emplois jeunes. Il s'adresse aux jeunes entre 16 et 22 ans n'ayant pas le baccalauréat. L'aide de l'État dure trois ans. Elle est très élevée : 225 € mensuels pour un salarié rémunéré au Smic cumulable avec tous les allégements existants.

Depuis 1995, les entreprises privées peuvent embaucher des chômeurs rencontrant de grandes difficultés (personnes inscrites à l'ANPE depuis plus d'un an, bénéficiaires du RMI, personnes âgées de plus de 50 ans privées d'emploi, etc.) sur la base d'un contrat initiative emploi (CIE). Il s'agit d'un contrat à temps plein ou partiel ne pouvant durer, sauf exception, plus de deux ans. L'employeur se voit exonéré des charges patronales de Sécurité sociale, et peut bénéficier d'une prime pour l'embauche des publics dits prioritaires et même d'une aide pour la formation.

Dans le domaine de la formation professionnelle destinée aux chômeurs de longue durée, le stage d'insertion et de formation à l'emploi (SIFE) forme le principal dispositif. Il est réservé aux chômeurs de plus de 26 ans et, en principe, à ceux ayant le plus de difficultés (chômeurs de longue durée, bénéficiaires du RMI, personnes faisant ou ayant fait l'objet d'une peine privative de liberté, etc.). Il offre une formation de durée variable dans un milieu de travail et/ou dans un organisme spécialisé. Le stage d'accès à l'entreprise (SAE) propose un stage de formation à l'issue duquel l'employeur s'engage explicitement à embaucher le stagiaire. Il est accessible à tous les chômeurs. Dans ces dispositifs de formation, le stagiaire est pris en charge par les allocations chômage ou par l'État et l'entreprise d'accueil peut éventuellement percevoir des subventions.

Des budgets importants, des bénéficiaires nombreux

Les aides à l'emploi, qu'elles soient publiques ou privées, coûtent cher et touchent beaucoup de monde. Le tableau ci-dessous donne une idée des sommes dépensées et des effectifs bénéficiaires pour quelques dispositifs majeurs.

Les aides à l'emploi en France en 2002

Dispositifs	Dépenses de l'État pour 2002 rapportées au coût du RMI	Stocks des bénéficiaires en mars 2002
Contrats d'apprentissage et contrats de qualification	44 %	603 400
Emplois jeunes	69 %	208 761
En direction du secteur public (CES, CEC, etc.)	43 %	290 341
En direction du secteur privé (CIE, SIFE, SAE, etc.)	29 %	281 044

Source : Projet de loi de finances 2003, annexe 6, p. 16 et DARES, « Tableau de bord des politiques de l'emploi ». Le coût du RMI représente 0,3 % du PIB en 2002.

Chaque dispositif important compte des centaines de milliers de bénéficiaires et coûte des milliards d'euros. Les budgets consacrés à plusieurs dispositifs dépassent ceux de certains ministères. Ainsi, les dépenses cumulées pour les mesures dans le secteur public et associatif (les lignes « emplois jeunes » et « En direction du secteur public » dans le tableau) dépassent, pour l'année 2002, largement les 5 milliards d'euros. Au cours de cette même période, le budget du ministère de la Justice atteint 4,7 milliards, celui de la Culture et de la Communication 2,6 milliards, celui de l'Écologie et du Développement durable 0,77 milliard et celui des Sports 0,4 milliard. Comparée à d'autres pays, la France se situe dans le peloton de tête pour les aides à l'emploi (public et privé). Selon l'OCDE, ces aides s'élèvent à 1,04 % du PIB pour l'année 2000. Tandis qu'elles atteignent 0,08 % aux États-Unis, 0,68 % en Allemagne et 1,12 % au Danemark. La Suède ne dépense que 0,6 % de son PIB en aides à l'emploi en 2000, alors qu'en 1994 elle en dépensait 1,91 % et la France 0,92 % [1]. La suite nous dira pourquoi la Suède a divisé par trois les aides à l'emploi en l'espace de six ans.

Le déficit d'évaluation des politiques d'emploi

Face à l'ampleur des dépenses et au nombre impressionnant de bénéficiaires, il est essentiel de savoir à quoi servent les aides à l'emploi. Une manière d'y répondre revient à dresser un « tableau de chasse », comme aux Jeux olympiques, où le nombre de médailles obtenues par un pays est une mesure de son succès. Une grande partie de l'administration et des élus adoptent ce point de vue avec les politiques de l'emploi. Ils considèrent que toute personne placée dans un dispositif d'aide à l'emploi doit être comptée comme une victoire dans la lutte contre le chômage ou la pauvreté. Il suffit alors de connaître le « nombre de passages en mesure », selon le jargon administratif, pour avoir un indicateur du succès de la mesure concernée. Un bon exemple nous est donné par le rapport sur le projet de loi de finances pour l'année 2003 réalisé par le député Gilles Carrez. Le « bilan » des emplois jeunes pour l'année 2002 y est établi de la manière suivante [2] :

> À la fin du mois d'avril 2002, 280 000 emplois avaient été créés et avaient donné lieu à 380 000 embauches. Les projets portés par les associations et les collectivités locales ont permis plus de 190 000 créations d'emplois et 257 000 embauches. Au ministère de l'Éducation nationale, 67 282 emplois ont été créés et 96 198 embauches réalisées. Au sein de la police nationale, 20 000 postes ont été créés pour des activités de sécurité de proximité et 26 368 jeunes recrutés.

---

1. Ces chiffres proviennent du tableau H de l'annexe statistique de la publication de l'OCDE, « Perspectives de l'emploi », juillet 2002. Pour avoir la somme des aides à l'emploi, nous avons additionné les dépenses liées à la formation professionnelle, aux mesures en faveur des jeunes et aux subventions à l'emploi.
2. Projet de loi de finances 2003, annexe 6, p. 46, disponible sur www.minefi.gouv.fr.

> Par ailleurs, le ministère de la Justice a créé 2 000 postes et recruté 1 800 agents de justice.

Cette façon de présenter le bilan d'une mesure de politique d'emploi en affichant simplement le nombre des bénéficiaires devrait être bannie, car elle fait croire que l'efficacité de la mesure se confond précisément avec le nombre de gens qui en bénéficient. L'honnêteté oblige à dire que les parlementaires ont conscience qu'en procédant de la sorte, ils ne dressent pas un véritable « bilan » d'une mesure. Le rapport présenté devant l'Assemblée nationale par le député Didier Migaud en 1999 sur l'évaluation des politiques publiques avait explicitement soulevé cette question de l'efficacité. En particulier, l'annexe 3 consacrée aux « Aides à l'emploi » avait émis l'idée qu'il importait surtout de savoir ce que devenaient les bénéficiaires à la sortie du dispositif. Le député Gérard Bapt, rapporteur spécial pour cette annexe, écrivait ainsi que « [...] c'est d'abord par le suivi des trajectoires de retour à l'emploi des bénéficiaires après qu'ils sont sortis des dispositifs aidés qu'il faut tendre à apprécier l'*efficacité* des dispositifs [1] ». En fait, les services du ministère de l'Emploi n'avaient pas attendu le rapport Migaud pour publier de très nombreuses statistiques sur le suivi des bénéficiaires des dispositifs de la politique de l'emploi et ils n'ont d'ailleurs pas cessé depuis la sortie de ce rapport. Par exemple, le bulletin *Premières Informations* (n° 44.2, novembre 2000, p. 9) de la Direction de l'animation de la recherche, des études et des statistiques du ministère de l'Emploi et de la Solidarité (DARES), fait apparaître que sur 100 personnes ayant bénéficié d'un contrat initiative emploi en 1996, 74 occupent un emploi et 19 sont au chômage à la fin de l'année 1999.

Le problème est que, contrairement à ce qui est écrit dans le rapport Migaud, le suivi des bénéficiaires, si précis soit-il, ne donne aucune indication sur l'efficacité du dispositif. En

1. Rapport d'information n° 1781 présenté par Didier Migaud devant l'Assemblée nationale en 1999, annexe 3, p. 38. C'est nous qui soulignons.

toute rigueur, la question qu'il faut poser pour juger de l'utilité d'un dispositif s'énonce de la manière suivante : que seraient devenues les personnes concernées en l'absence de dispositif ? Savoir que 74 % des bénéficiaires d'un contrat initiative emploi occupent un emploi trois ans après la sortie du dispositif n'est donc pas une réponse à la question de l'efficacité de ce type de programmes. Nous avons souligné dans le chapitre précédent que cette information est généralement trompeuse, et que la prise en compte de cet état de fait apporte un éclairage sensiblement différent sur l'impact des politiques publiques de formation et d'éducation. Nous allons voir qu'il en est de même pour les politiques d'emploi.

Les enseignements du modèle suédois

Les évaluations des politiques publiques fondées sur des méthodes adaptées [1] sont courantes aux États-Unis et deviennent de plus en plus nombreuses en Europe. Elles ont été appliquées de façon systématique à l'étude des effets des politiques de l'emploi menées en Suède depuis 1990. Ce pays a une vieille tradition dans le domaine des aides à l'emploi, mais leur véritable développement commence avec la fin de la Seconde Guerre mondiale. À cette époque, l'objectif des politiques de l'emploi était de former les travailleurs afin qu'ils puissent migrer des secteurs en déclin vers les secteurs en expansion. Ce n'est que progressivement qu'elles furent considérées comme un instrument de lutte contre le chômage. Leur remise en cause date du début des années 1990, où elles semblèrent impuissantes à enrayer la montée du chômage malgré un usage massif. À leur apogée, en 1994, les dépenses pour les politiques « actives » du marché du travail s'élevaient à 3 % du PIB. Une évaluation de l'utilité de ces dépenses devint nécessaire. La Suède a la

1. Ces méthodes visent à éliminer le « biais de sélectivité ». Voir *supra*, chapitre 7, « Comment évaluer les politiques publiques de l'emploi ».

chance de posséder un fichier du suivi de tous les chômeurs depuis 1971. Dès le milieu des années 1990, plusieurs dizaines d'études se sont appuyées sur ce fichier pour tenter d'apprécier l'efficacité des politiques d'aides à l'emploi. Le travail de Barbara Sianesi, réalisé en 2002, est un des plus achevés et ses conclusions résument bien la tendance générale [1].

Barbara Sianesi s'intéresse à l'efficacité des six principaux programmes existant en 1994. Pour cela, elle a constitué un échantillon de 30 800 individus entrés pour la première fois au chômage en 1994, dont elle a reconstitué le parcours professionnel pendant cinq ans, jusqu'en novembre 1999. Conformément aux principes généraux de l'évaluation des politiques publiques évoqués plus haut, elle compare le parcours moyen d'une personne ayant bénéficié d'un programme en 1994 avec le parcours moyen qu'aurait eu cette personne si elle n'avait pas participé à ce programme. Comme en France, certains de ces programmes sont tournés vers le secteur privé et d'autres vers le secteur public ou associatif. L'aide à l'emploi privé peut prendre la forme de subventions à l'embauche et de stage de formation en entreprise et/ou dans des organismes spécialisés. Dans le secteur public, il existe des dispositifs de créations d'emplois non permanents (proches des contrats emploi solidarité) et des dispositifs de remplacement temporaire d'un employé (le bénéficiaire remplace le titulaire d'un poste existant).

Barbara Sianesi trouve que, comparées à la moyenne des parcours des simples chômeurs n'ayant participé à aucun programme, les chances de retour vers un emploi « régulier », c'est-à-dire un emploi non aidé du secteur public ou du secteur privé, sont sensiblement *plus faibles,* tout au long des cinq années de suivi, pour les personnes ayant bénéficié d'un emploi temporaire dans le secteur public et pour celles

---

1. Barbara Sianesi, « Differential Effects of Swedish Active Labour Market Programmes for Unemployed Adults during the 1990's », document de recherche de l'IFAU, n° 5, 2002, disponible sur www.ifau.se. Barbara Sianesi est chercheuse à l'Institute for Fiscal Studies de Londres.

ayant bénéficié d'une formation en dehors d'une entreprise. Ce résultat peut sembler étonnant, puisqu'il signifie que bénéficier d'un emploi temporaire dans le secteur public ou suivre une formation en dehors de l'entreprise *diminue*, en moyenne, les chances de retour vers l'emploi régulier. La raison est vraisemblablement que ces programmes n'augmentent pas les capacités de ceux qui les suivent et qu'ils envoient, en conséquence, un mauvais signal aux employeurs potentiels [1].

Les programmes de formation en entreprise et de remplacement temporaire d'un employé dans le secteur public s'en sortent mieux : ils offrent à peu près les mêmes chances de retour vers l'emploi que le chômage simple ! En revanche, les subventions à l'emploi dans le secteur privé donnent des résultats spectaculaires. Comparé au chômage simple, ce dispositif augmente de 40 points de pourcentage les chances de retrouver un emploi pratiquement dès la sortie du dispositif et tout au long des cinq ans de suivi de l'échantillon.

Dans l'ensemble, les subventions à l'emploi privé dominent nettement toutes les autres mesures (entre 20 et 40 points de pourcentage de plus pour accéder à un emploi régulier). Elles sont suivies par les remplacements temporaires qui s'avèrent préférables à tous les autres programmes, hormis les subventions à l'emploi privé. La raison est que le bénéficiaire occupe un poste qui existe de manière permanente, il se trouve donc d'emblée dans une « vraie » situation de travail qui accroît ses capacités et sa qualification aux yeux des futurs employeurs. En termes d'efficacité des mesures, le classement est donc le suivant :

1er : subventions à l'emploi dans le secteur privé ;

2e *ex æquo* : chômage simple, remplacement temporaire et formation en entreprise ;

3e *ex æquo* : emploi temporaire dans le secteur public et formation hors de l'entreprise.

---

1. De plus, la participation à ces programmes donnait le droit de prolonger la période d'indemnisation du chômage, ce qui pouvait aussi contribuer à rechercher moins activement un emploi. Cette clause a été supprimée en février 2001.

Barbara Sianesi constate aussi que, en termes de coût des mesures, l'ordre est à peu près inversé. Par tête, le programme de formation hors de l'entreprise et la création d'emploi dans le secteur public sont les mesures qui reviennent le plus cher à l'État, et ce sont aussi les moins efficaces. En revanche, les subventions à l'emploi qui, en Suède, prennent la forme d'un abattement d'environ 50 % sur le coût du travail, sont les moins onéreuses et aussi les plus efficaces pour l'individu qui en bénéficie.

Le bilan exhaustif des études portant sur les politiques d'emploi menées en Suède, établi par Lars Calmfors, Anders Forslund et Maria Henström [1], rejoint totalement les conclusions de Barbara Sianesi. Elles peuvent se résumer en une phrase : les aides à l'emploi sont d'autant plus efficaces que l'emploi aidé est proche d'un emploi régulier.

Confirmations des enseignements de l'expérience suédoise

Michael Gerfin et Michael Lechner ont réalisé un travail analogue sur les politiques de l'emploi menées en Suisse à la fin de la décennie 1990 [2]. La Suisse présente la particularité

---

1. Lars Calmfors, Anders Forslund et Maria Henström, « Does Active Labour Market Policy Work ? Lessons from the Swedish Experiences », *Swedish Economic Policy Review*, n° 85, 2001, p. 61-124. Lars Calmfors est professeur d'économie internationale à l'Institute for International Economic Studies de l'université de Stockholm. Anders Forslund et Maria Henström sont chercheurs à l'IFAU (Institut chargé de l'évaluation des politiques du marché du travail en Suède).

2. Michael Gerfin et Michael Lechner, « A Microeconometric Evaluation of the Active Labour Market Policy in Switzerland », *Economic Journal,* 112 (482), 2002, p. 854-893. Michael Lechner est professeur d'économétrie à l'université de Saint Gall et directeur du SIAW (l'Institut suisse d'économie internationale et de recherches économiques appliquées). Michael Gerfin est professeur d'économie à la faculté des sciences sociales de l'université de Berne.

intéressante d'avoir mis en œuvre un programme de grande échelle d'« activation des dépenses passives » ouvert à tous les chômeurs. Il s'agit pour eux d'accepter un emploi où le salaire est plus faible que les indemnités de chômage (ces dernières atteignent environ 80 % du dernier salaire). Dans ce cas, ils perçoivent le salaire versé par l'entreprise *et* une compensation versée par l'assurance chômage, telle que la somme du salaire et de la compensation dépasse sensiblement les indemnités de chômage. La compensation est attribuée pendant un an au maximum. En 1998, 20 % des chômeurs ont occupé à un moment ou à un autre un emploi de ce type. C'est la plus forte proportion de bénéficiaires de toutes les politiques d'emploi. Michael Gerfin et Michael Lechner trouvent que ce dispositif accroît les chances de retour vers l'emploi régulier d'environ 10 points de pourcentage comparé au simple chômage. Tous les autres programmes (formation, emplois publics temporaires, etc.) sont *dominés* par le simple chômage. Relativement à ce dernier, ils offrent moins de chances de retour vers l'emploi, ce qui confirme les conclusions issues des études portant sur la Suède. Le programme d'activation des dépenses passives marche bien car les bénéficiaires occupent d'emblée des emplois « normaux ». Ils conservent ainsi les habitudes nécessaires à l'exercice d'un métier et peuvent éventuellement accroître leurs capacités professionnelles. Tout cela maintient ou améliore l'employabilité et envoie, par conséquent, un signal positif en direction des futurs employeurs potentiels.

En France, la résistance à une évaluation *comparative* rigoureuse des politiques d'emploi est encore forte. Mais il y a des signes montrant que la situation est peut-être en train d'évoluer. Ainsi, depuis 2002, la DARES suit, *en parallèle,* un groupe de bénéficiaires des principaux dispositifs de la politique d'emploi et un groupe témoin constitué de personnes éligibles à ces dispositifs, présentant les mêmes caractéristiques observables que le groupe des bénéficiaires en termes d'âge, de sexe, de niveau de formation et d'ancienneté au chômage, mais qui n'ont pas participé à ces programmes [1]. Formons le souhait que toutes les données de ces enquêtes soient mises à la disposition des chercheurs et statisticiens indépendants de l'administration afin que plusieurs évaluations puissent être confrontées. À l'heure où ces lignes sont écrites, on ne dispose que de résultats très partiels qu'il faut donc interpréter avec prudence mais qui, dans l'ensemble, confirme ceux des études étrangères. Les résultats pour trois dispositifs sont résumés dans le tableau ci-dessous.

Évaluation de quelques dispositifs français

Dispositif suivi fin 1999	Proportion des bénéficiaires occupant un emploi régulier en mars 2002	Proportion des témoins occupant un emploi régulier en mars 2002
Secteur privé (SIFE)	47 %	44 %
Secteur privé (CIE)	71 %	48 %
Secteur public (CES)	34 %	42 %

Source : DARES, *Premières Informations*, n° 52.3, décembre 2002, tableau 5.

Les deux dispositifs d'aide à l'emploi dans le secteur privé, le stage d'insertion et de formation à l'emploi et le contrat initiative emploi améliorent la situation des bénéficiaires. En particulier le contrat initiative emploi. Sur 100 personnes ayant bénéficié de ce dispositif à la fin de l'année 1999, 71 occupent un emploi régulier en mars 2002, alors que sur 100 personnes au chômage fin 1999 n'ayant pas bénéficié de ce dispositif, 48 seulement occupent un emploi régulier en mars 2002. Notons, au passage, que le « succès » du CIE se

1. En fait, c'est la troisième enquête de ce type mise en œuvre par la DARES depuis le début des années 1990. La nouveauté tient dans l'échelle de cette dernière enquête et dans l'accent placé sur l'évaluation comparative des parcours des bénéficiaires et des non-bénéficiaires. La mise en place et les objectifs de cette enquête est détaillée dans *Premières Informations,* n° 33.1, août 2002 : « Un outil rénové pour évaluer la politique de l'emploi et de la formation professionnelle : le panel des bénéficiaires ».

mesure par la *différence* entre 71 % et 48 %, et non par la simple annonce que 71 % des bénéficiaires d'un CIE en 1999 occupent un emploi régulier en mars 2002. La raison de ce succès est la même que pour les dispositifs analogues existant en Suède et en Suisse. Le CIE est un programme qui place d'emblée des personnes, pourtant *a priori* éloignées du marché du travail, dans une « vraie » situation professionnelle. En revanche, le contrat emploi solidarité, qui est un programme d'emploi non permanent dans le secteur public ou associatif, *diminue* les chances de retour vers l'emploi régulier de celui qui en bénéficie de 8 points de pourcentage (notons, toujours au passage, qu'annoncer simplement que 34 % des bénéficiaires d'un CES retrouvent un emploi régulier aurait été de la désinformation). Une étude réalisée par trois chercheurs français sur les programmes destinés aux jeunes peu qualifiés au cours des années 1986-1988 conforte en grande partie ce diagnostic. En comparant encore un groupe de bénéficiaires avec un groupe témoin, elle montre que les mesures en faveur de l'emploi privé – en particulier les contrats d'apprentissage et les contrats de qualification – offrent de meilleures perspectives de retour à l'emploi que les programmes tournés vers la création temporaire d'emplois publics (sur la période étudiée, ces derniers portent le nom de TUC, pour travaux d'utilité collective, et ressemblent beaucoup aux CES qui leur ont succédé à partir de 1990) [1]. Nous avons vu que les analyses des politiques suédoises aboutissent aux mêmes constats. Un passage dans un emploi temporaire du secteur public n'accroît pas les

1. Thomas Brodaty, Bruno Crépon et Denis Fougère, « Using Matching Estimators to Evaluate Alternative Youth Employment Programs : Evidence from France, 1986-8 », CEPR Discussion Paper, n° 2604, novembre 2000. Disponible sur www.cepr.org. Voir aussi l'article de Denis Fougère, Francis Kramarz et Thierry Magnac, « Youth Employment Policies in France », *European Economic Review*, n° 44, 2000, p. 928-942, qui présente un bilan des études évaluant les politiques d'emploi menées en France en faveur des jeunes. On y trouvera une confirmation des principaux résultats que nous évoquons dans cette partie.

capacités du bénéficiaire à occuper un emploi régulier. De ce point de vue, l'étude de la DARES, dont nous avons relaté les principaux résultats dans le tableau 6, indique aussi que les bénéficiaires d'un CES fin 1999 sont nettement plus nombreux que les membres du groupe témoin à occuper un emploi *aidé* en mars 2002 : 25 % contre 6 %. En d'autres termes, le passage dans un emploi temporaire du secteur public aide (beaucoup) à occuper un autre emploi aidé. On est loin de l'objectif de retour vers l'emploi régulier.

De l'efficacité individuelle à l'efficacité sociale

Jusque-là, nous avons abordé la question de l'efficacité d'un dispositif de la politique de l'emploi en essayant de chiffrer l'effet net de ce dispositif sur ses bénéficiaires. C'est sans conteste la question principale, puisque la vocation d'un dispositif est précisément d'agir sur l'employabilité de ceux qui en bénéficient. Mais, pour apprécier l'efficacité *collective* ou *sociale* d'un dispositif, il faudrait aussi connaître ses effets sur les personnes qui n'en bénéficient pas. Si ces effets indirects se révèlent très négatifs, il faudra peut-être songer à supprimer ce dispositif, même s'il améliore la situation des bénéficiaires. Les effets indirects sont sensiblement différents selon que le dispositif s'applique au secteur privé ou au secteur public. Commençons par le secteur privé et prenons l'exemple du contrat initiative emploi. Un contrat de ce type permet à une entreprise d'être fortement subventionnée pour l'embauche de personnes *a priori* en difficulté comme, par exemple, les chômeurs âgés de plus de 50 ans. Il est possible que certaines entreprises aient plutôt embauché des jeunes sortis du système scolaire en l'absence de ce dispositif. Si un nombre significatif d'entreprises agissent de la sorte, le CIE favorise le retour vers l'emploi de certains de ces bénéficiaires (les « vieux »), mais écarte de l'activité certains non bénéficiaires (les « jeunes »). Le CIE aura ainsi provoqué une *éviction* des jeunes fraîchement sortis du système scolaire à l'avantage des chômeurs de plus de 50 ans.

Ce phénomène d'éviction peut survenir sous d'autres formes. Il est possible que les entreprises utilisatrices d'aides à l'emploi parviennent à faire baisser suffisamment leurs prix de manière à mettre en faillite les entreprises non subventionnées. Dans ce cas, les aides à l'emploi auront accru les embauches chez les firmes subventionnées, mais auront poussé vers le chômage les travailleurs des entreprises non subventionnées. Pour avoir une idée de l'ampleur de ces « effets d'éviction », des enquêtes auprès des entreprises utilisatrices d'aides à l'emploi sont régulièrement menées, aussi bien en France qu'à l'étranger. Au cours de ces enquêtes, on demande à ces entreprises utilisatrices quelle aurait été leur attitude en l'absence de tout dispositif d'aides à l'emploi. En règle générale, les réponses incitent à penser qu'il existe d'importants effets d'éviction. Mais il ne faut pas y voir plus qu'un indice car, d'une part, on ne sait pas vraiment quel crédit accorder aux réponses d'une entreprise à qui l'on demande de se placer dans une situation hypothétique qu'elle n'a jamais connue en réalité et, d'autre part (et surtout), ces réponses ne donnent aucune indication sur les effets d'éviction qui toucheraient les entreprises ne bénéficiant pas de ces aides.

Les procédures « économétriques » plus traditionnelles, qui essayent de mettre en évidence d'éventuelles corrélations entre l'importance des dispositifs et le niveau global de l'emploi dans un secteur ou un pays, éliminent ces problèmes, mais les difficultés inhérentes à ce type d'exercice incitent à prendre leurs conclusions avec prudence. Néanmoins, le bilan que dressent Lars Calmfors, Anders Forslund et Maria Henström [1] de ces exercices appliqués aux politiques menées en Suède fait apparaître de très forts effets d'éviction, plus importants que ceux enregistrés par les enquêtes auprès des chefs d'entreprise. En définitive, sans apporter de preuves décisives, les connaissances empiriques

---

1. Voir leur article « Does Active Labour Market Policy Work ? Lessons from the Swedish Experiences », art. cit.

actuelles plaident plutôt pour l'existence d'importants effets d'éviction.

Les dispositifs mis en place dans le secteur public ou associatif peuvent avoir des conséquences un peu différentes. Tout d'abord, les emplois temporaires dans ce secteur sont susceptibles d'y évincer des emplois permanents. Par exemple, il est possible que l'usage des CES diminue l'embauche de titulaires. D'autre part, et c'est sûrement plus important, la création d'emplois dans le secteur public peut exercer un effet d'éviction sur l'emploi dans le secteur privé. Un des canaux possibles est la fiscalité. Une hausse de l'emploi public nécessite, en général, une hausse de la pression fiscale qui peut en retour restreindre l'embauche dans le secteur privé [1]. Cet effet d'éviction peut aussi s'exercer par un système de vases communicants. Par exemple, si l'État décide d'accroître le nombre d'hôpitaux publics, le nombre d'établissements privés risque de diminuer, il y aura plus d'infirmières travaillant dans le secteur public et moins dans le secteur privé. Des emplois publics auront ainsi évincé des emplois privés. Cet effet d'éviction risque d'apparaître dans tous les domaines où l'intervention publique aurait pu être prise en charge par le secteur privé. À l'inverse, dans tous les domaines où l'intervention publique apparaît complémentaire des activités du secteur privé, la création d'emplois publics est susceptible d'augmenter l'emploi privé. Ainsi, une meilleure couverture du réseau des transports publics (donc plus de contrôleurs et de conducteurs) peut accélérer le développement des entreprises privées. Une plus grande sécurité (donc plus de fonctionnaires de police) peut favoriser l'ouverture de nouveaux commerces dans les zones

1. Les effets globaux de la fiscalité sur l'emploi sont encore mal connus. Aucune étude ne montre qu'une hausse des prélèvements obligatoires augmente l'emploi, mais certaines études concluent que le montant des prélèvements obligatoires n'exercent aucun effet significatif sur le niveau de l'emploi. Voir l'article très bien documenté de Francesco Daveri et Guido Tabellini, « Unemployment, Growth and Taxation in Industrial Countries », *Economic Policy,* avril 2000, p. 49-104.

sensibles, etc. [1]. Seules les études de nature économétrique peuvent apporter quelques lumières sur les conséquences ultimes de tous ces effets possibles en essayant de préciser la nature des corrélations entre le niveau de l'emploi public et le niveau du chômage ou de l'emploi global. Ces études sont, hélas, peu nombreuses ; elles mettent toutes en évidence un effet d'éviction – d'importance variable selon les études –, de l'emploi privé par l'emploi public [2].

Les études empiriques dégagent (au moins) une conclusion claire : les aides à l'emploi sont d'autant plus efficaces que l'emploi aidé est proche d'un emploi régulier. En France, cette conclusion plaide pour le maintien, voire le développement des programmes existant dans le secteur privé, comme les contrats de qualification, les contrats d'apprentissage ou encore les contrats Initiative Emploi. En revanche, elle condamne ou incite à restreindre fortement tous les programmes de création d'emplois temporaires dans le secteur public.

La priorité est d'instaurer, à l'instar de ce qui existe dans de nombreux autres pays, une ou des instances indépendantes chargées d'évaluer les programmes existants selon la méthodologie des groupes tests et des groupes témoins évoquée tout au long de ce chapitre. Tous les rapports officiels, y compris les rapports parlementaires, ne devraient faire référence qu'à ces évaluations comparatives. Par conséquent, tout nouveau programme devrait mentionner explicitement

1. Tous les exemples de cette partie n'ont qu'une valeur pédagogique. Ils ne servent qu'à illustrer les mécanismes économiques de substitution et de complémentarité. Toute ressemblance avec des programmes existant est donc fortuite.

2. Voir par exemple l'article de Yann Algan, Pierre Cahuc et André Zylberberg, « Public Employment and Labour Market Performances », *Economic Policy*, n° 34, avril 2002, p. 8-65, qui trouve que la création de 100 emplois publics détruit environ 150 emplois privés en moyenne, pour 17 pays de l'OCDE entre 1960 et 2000. Cette étude met donc en évidence de très forts effets d'éviction.

les dispositifs prévus pour l'évaluer. Ces dispositifs concernent le recueil et le traitement des données statistiques et, dans certains cas, la mise en œuvre d'expériences pilotes, sur une petite échelle, permettant une évaluation comparative rigoureuse. D'autre part, l'existence (vraisemblable) d'importants effets d'éviction, invite à appliquer le principe de précaution à l'encontre des programmes de grande ampleur, dont les budgets dépassent ceux de certains ministères.

Épilogue

En attendant la pluie

Dans le fond, ce livre apporte une mauvaise et une bonne nouvelle. La mauvaise nouvelle est que le marché du travail ne fonctionne pas comme nous l'aurions rêvé. Au fil des chapitres, nous avons vu qu'il est impossible d'accroître constamment le niveau de vie du plus grand nombre sans une réorganisation continuelle et profonde du système productif, qu'il ne suffit pas d'augmenter les salaires ou de réduire la durée du travail pour multiplier les postes de travail ; qu'indemniser généreusement les chômeurs ou, au contraire, les affamer, ne leur garantit pas forcément une embauche rapide ; que le départ à la retraite des baby-boomers risque d'aggraver le sous-emploi ; que créer massivement des emplois dans le secteur public ne résorbe pas le chômage et, même, que suivre un stage de formation de quelques mois n'améliore pas significativement les perspectives professionnelles.

La bonne nouvelle est que nous connaissons aujourd'hui un peu mieux qu'hier les grandes lignes des réformes pour diminuer le chômage et créer des emplois. Elles ne sont pas faciles à mettre en œuvre, car les résultats à court terme sont peu spectaculaires et elles soulèveront inévitablement l'opposition, parfois légitime, de groupes d'intérêt. Mais construire une nouvelle liaison ferroviaire présente les mêmes difficultés. Les riverains y sont en général hostiles même si elle est souhaitable pour la collectivité. Qu'il s'agisse de l'assurance chômage, de la législation sur les licenciements, du système fiscal ou de la réorientation des politiques d'emploi, toute intervention publique désavantagera certaines personnes. Le rôle du politique est de surmonter ces difficultés afin de mettre en œuvre des réformes qui augmentent l'emploi et donc, du même coup, les possibilités de redistribution, notamment en faveur des plus démunis. Ces réformes devraient satisfaire un large éventail d'opinions, sans effacer les différences. L'analyse économique s'est efforcée de dégager ce qui pourrait fonder un consensus minimal. Récapitulons brièvement les enseignements les plus marquants.

1. Dix mille emplois sont détruits et créés chaque jour ouvrable en France. Ce processus est le moteur de la croissance et du progrès matériel. Si nous voulons améliorer notre niveau de vie, nous devons accepter de vivre dans une société où des milliers d'emplois sont quotidiennement créés et détruits. Actuellement, la législation du travail se fonde pour l'essentiel sur une logique de contrôle et de répression inadaptée à cette réalité. Il faut lui substituer une logique de prévention qui n'est pas synonyme d'absence de régulation. La protection de l'emploi doit être basée sur des mesures fiscales incitant les entreprises à mieux tenir compte de la valeur sociale des emplois. D'autre part, le système d'assurance chômage doit être bâti sur un engagement mutuel entre les services de l'emploi et le chômeur, dans lequel des indemnités conséquentes et un accompagnement permanent sont fournis en contrepartie d'obligations et de contrôles en matière de recherche d'emploi.

2. En France, le coût du travail au niveau du salaire minimum est aujourd'hui un obstacle à l'emploi. Il est possible d'y remédier en poursuivant les allégements des charges sociales, voire en subventionnant certaines embauches. Cette voie présente l'avantage de préserver le pouvoir d'achat des travailleurs dont les rémunérations sont les plus faibles et de ne pas accroître les inégalités salariales. Mais cette voie coûte cher car les baisses de charges et les subven-

tions doivent être financées. Faire payer un petit nombre de « riches » ne suffit pas. Rappelons que seuls 10 % des ménages gagnent plus de 3 500 € par mois et qu'il faut accroître les prélèvements bien au-delà de ces 10 % des ménages si l'on veut obtenir les ressources permettant de créer un nombre important d'emplois et réduire significativement le chômage. Cette solution demande donc un effort de solidarité de la part d'une très grande partie des ménages. Y sommes-nous prêts ?

3. Les dispenses de recherche d'emploi, les préretraites et les emplois aidés du secteur non marchand représentent un million de personnes. À première vue, retirer des personnes de la population active ou créer directement un emploi dans le secteur public sont les façons les plus sûres de diminuer le chômage. Malheureusement, les évaluations disponibles montrent que c'est exactement le contraire qu'il faut faire : réduire la population active détruit des emplois et, à terme, les aides à l'emploi sont d'autant plus efficaces qu'elles sont ciblées vers un emploi régulier du secteur marchand.

4. Les dépenses publiques en formation professionnelle améliorent les perspectives d'emploi et de revenu dans des circonstances très particulières. Très fréquemment, elles profitent surtout à ceux qui sont issus des milieux les plus favorisés et n'ont aucun impact sur les personnes les plus déshéritées. Elles ne constituent, en aucun cas, un remède miracle. Il est certes possible d'améliorer la productivité des travailleurs adultes peu qualifiés ; mais cela coûte très cher et il est généralement plus efficace d'intégrer ces personnes dans l'emploi en réduisant le coût de leur travail. Les dépenses publiques de formation devraient être réorientées dans deux directions : tout d'abord, vers les jeunes enfants issus de milieux défavorisés en intervenant surtout en marge de l'école et en interaction avec le milieu familial ; ensuite vers des programmes ciblés, avec un suivi long et coûteux des bénéficiaires, ce qui suppose d'en finir avec le saupoudrage des aides.

Ces résultats ne nous font pas forcément plaisir, mais ils sont incontournables. Qu'ils soient si peu connus – ou si peu acceptés – non seulement de beaucoup de nos concitoyens, mais aussi de nombreux hommes politiques, explique en partie pourquoi il y a tant de chômeurs en France. On comprend que les hommes politiques, au pouvoir ou aspirant à y retourner, répugnent à affronter le réel. Les échéances électorales répétées encouragent à privilégier le court terme et incitent à ménager les groupes d'intérêt. Mais un grand nombre d'intellectuels portent aussi une part de responsabilité. En rejetant, souvent sans discernement, l'analyse économique « bourgeoise » ou « libérale » de l'économie de marché, ils se sont privés des outils qui leur auraient permis de réfléchir objectivement aux mécanismes qui gouvernent la production et la distribution des richesses dans le monde réel. Cet aveuglement fait qu'aujourd'hui la France vit dans une forme de pensée économique qui relève plus des croyances fantasmagoriques que du rationalisme. On y attend le retour de la croissance, comme les anciens attendaient le retour de la pluie. Certes, au lieu de danser les soirs de pleine lune, on invoque de façon incantatoire d'autres dieux consensuels (les grands projets européens, la formation tout au long de la vie, etc.), mais en réalité on se dit qu'il finira bien par pleuvoir, en espérant seulement que ces gouttes bénites arrivent avant les prochaines échéances électorales.

Pour affronter le réel et tenter de le comprendre, il faut s'extraire du monde des croyances et entrer résolument dans celui des évaluations, en priorité pour ce qui concerne les politiques publiques. Pour ce faire, il faut en premier lieu assurer l'indépendance de ces évaluations afin de rétablir leur crédibilité. Aujourd'hui ce sont des organismes sous tutelle gouvernementale qui en assument la charge. Il en résulte plus une production de discours administratifs, frôlant parfois la propagande, que de véritables mesures de l'efficacité des dispositifs. En fin de compte, nous connaissons très mal l'impact des interventions publiques sur l'emploi en France. Nos connaissances proviennent pour l'essentiel des évaluations menées à l'étranger. Il y a là une grave lacune pour notre démocratie qu'il est urgent de combler pour se donner les moyens de lutter efficacement contre le chômage.

Remerciements

Cet ouvrage doit beaucoup aux encouragements, mais surtout aux commentaires et critiques perspicaces de nos amis, collègues et éditeurs qui ont généreusement consacré beaucoup de leur temps à nous lire et nous relire. Nous remercions, en particulier, Yann Algan, Daniel Baroin, Sophie Berlin, Jean Domingues Dos Santos, Manon Domingues Dos Santos, Françoise Ducrocq-Curdel, Olivier Galland, Bernard Gazier, Pierre Granier, Pierre Hallier, Marie-Christine Jobic, Hubert Kempf, Francis Kramarz, Fabien Postel-Vinay, Nicolas Riboud-Sainclair, Isabelle Robin, Jean-Marc Robin, Bernard Salanié, Perrine Simon-Nahum.

Table

SCIENCES HUMAINES

DERRIDA Jacques
- Éperons. Les styles de Nietzsche. *n° 41*
- Heidegger et la question. De l'esprit et autres essais. *n° 235*
- La Vérité en peinture. *n° 57*

DERRIDA Jacques, ROUDINESCO Élisabeth
- De quoi demain... Dialogue. *n° 542*

DETIENNE Marcel, VERNANT Jean-Pierre
- Les Ruses de l'intelligence. La Mètis des Grecs. *n° 36*

DEVEREUX Georges
- Femme et mythe. *n° 180*

DIDIER-WEILL Alain
- Quartier Lacan. *n° 575*

DIECKHOFF Alain
- La Nation dans tous ses états. Les identités nationales en mouvement. *n° 503*

DODDS E.R.
- Les Grecs et l'irrationnel. *n° 28*

DUMÉZIL Georges
- Heur et malheur du guerrier. *n° 368*
- Loki. *n° 342*
- Mythes et dieux des Indo-Européens. *n° 232*

DURKHEIM Émile
- Les Règles de la méthode sociologique. *n° 198*

ÉCOLE DE LA CAUSE FREUDIENNE (dir)
- De l'Amour. *n° 418*
- Lacan, l'écrit, l'image. n° *454*

EDELMAN Bernard
- Le droit saisi par la photographie, suivi de : Le personnage et son double, la rue et le droit d'auteur, l'œil du droit : nature et droit d'auteur. *n° 477*

ELIADE Mircea
- Forgerons et alchimistes. *n° 12*

ÉLIAS Norbert
- La Société de cour. *n° 144*

ENCEL Frédéric
- L'Art de la guerre par l'exemple. Stratèges et batailles. *n° 521*
- Géopolitique de l'apocalypse. La démocratie à l'épreuve de l'islamisme. *n° 541*
- Géopolitique de Jérusalem. *n° 460*
- Le Moyen-Orient entre guerre et paix. Une géopolitique du Golan. *n° 482*

ENCEL Frédéric, GUEZ Olivier
- La Grande Alliance. De la Tchétchénie à l'Irak : un nouvel ordre mondial. *n° 563*

ÉRIBON Didier
- Michel Foucault. *n° 243*

ERIKSON Erik
- Adolescence et crise. La quête de l'i tité. *n° 60*

FAURE Bernard
- Bouddhismes, philosophies et religi *n° 464*

FLASCH Kurt
- Introduction à la philosophie médié *n° 419*

FONTANIER Pierre
- Les Figures du discours. *n° 15*

FRÉMONT Armand
- France. Géographie d'une société. *n° 3*
- La Région, espace vécu. *n° 429*

FUKUYAMA Francis
- La Fin de l'histoire et le dernier hom *n° 290*

GADREY Jean
- Nouvelle économie, nouveau mythe ?, s de : Que reste-t-il de la nouvelle écc mie ? *n°489*

GENTIS Roger
- Leçons du corps. *n° 114*

GODELIER Maurice
- L'Énigme du don. *n° 527*
- La Production des grands hommes. *n°*

GRAFMEYER Yves, JOSEPH Isaac
- L'École de Chicago. *n° 571*

GRANOFF Wladimir
- La Pensée et le féminin. *n° 574*

GRANOFF Wladimir, PERRIER François
- Le Désir et le féminin. *n° 505*

GRENIER Jean
- L'Esprit du Tao. *n° 254*

GROSSER Alfred
- Affaires extérieures. La politique de France, 1944-1989. *n° 209*
- Le Crime et la mémoire. *n° 245*

GUÉHENNO Jean-Marie
- La Fin de la démocratie. *n° 322*

GUILLAUME Paul
- La Psychologie de la forme. *n° 71*

GUSDORF Georges
- Mythe et métaphysique. Introduction philosophie. *n° 130*

GUYOMARD Patrick
- La Jouissance du tragique. Antigc Lacan et le désir de l'analyste. *n° 401*

HABERMAS Jürgen
- Écrits politiques. *n° 422*

MAUCO Georges
- Psychanalyse et éducation. *n° 275*

MEAD EARLE Edward
- Les Maîtres de la stratégie.
  T. I. De la Renaissance à la fin du XIXᵉ siècle. *n° 147*
  T. II. De la fin du XIXᵉ siècle à Hitler. *n° 148*

MÉDA Dominique
- Qu'est-ce que la richesse ? *n° 462*
- Le Temps des femmes. Pour un nouveau partage des rôles. *n° 500*
- Le Travail. Une valeur en voie de disparition. *n° 400*

MESURE Sylvie, RENAUT Alain
- Alter ego. Les paradoxes de l'identité démocratique. *n° 497*

MEYNET Roland
- Lire la Bible. *n° 537*

MILL John Stuart
- L'Utilitarisme. *n° 201*

MILLOT Catherine
- Freud anti-pédagogue. *n° 389*

MORIN Edgar
- La Complexité humaine. *n° 189*

MOSCOVICI Serge
- Essai sur l'histoire humaine de la nature. *n° 10*

NASIO Juan David
- Les Yeux de Laure. *n° 347*

NASSIF Jacques
- Freud. L'inconscient. *n° 260*

OLIVIER Christiane
- Les Fils d'Oreste ou la Question du père. *n° 355*

PANKOW Gisela
- L'Homme et sa psychose. *n° 277*

PAPERT Seymour
- Jaillissement de l'esprit. *n° 210*

PASSET René
- L'Illusion néo-libérale. *n° 491*

PEETERS Benoît
- Lire la bande dessinée. *n° 530*

PENA-RUIZ Henri
- Le Roman du monde. *n° 555*

PÉRONCEL-HUGOZ Jean-Pierre
- Le Radeau de Mahomet. *n° 141*

PICHOT André
- La Société pure. De Darwin à Hitler. *n° 492*

POMMIER Gérard
- Le Dénouement d'une analyse. *n° 356*
- Freud apolitique. *n° 396*
- L'Ordre sexuel. *n° 323*

POPPER Karl
- La Connaissance objective. *n° 405*

PROKHORIS Sabine
- Le Sexe prescrit. La différence sex
  en question. *n° 501*

QUINE William von Orman
- Le Mot et la chose. *n° 450*

RAND Nicholas, TOROK Maria
- Questions à Freud. *n° 404*

REICHHOLF Josef
- L'Émergence de l'homme. *n° 273*

RÉMOND René
- La politique n'est plus ce qu'elle é
  n° 286

RENAUT Alain
- Kant aujourd'hui. *n° 436*

RENFREW Colin
- L'Énigme indo-européenne. Archéologi
  langage. *n° 303*

RENOU Louis
- La Civilisation de l'Inde ancienne d'a
  les textes sanskrits. *n° 97*

RÉUNION DES MUSÉES NATIONAUX
- Archéologie de la France. *n° 227*

REVAULT D'ALLONNES Myriam
- Ce que l'homme fait à l'homme. E
  sur le mal politique. *n° 451*
- Le Dépérissement de la politi
  Généalogie d'un lieu commun. *n° 493*

ROUDINESCO Élisabeth
- Pourquoi la psychanalyse ? *n° 488*

RUFFIÉ Jacques,
SOURNIA Jean-Charles
- Les Épidémies dans l'histoire
  l'homme. De la peste au sida. *n° 320*

RUSSELL Bertrand
- Signification et vérité. *n° 229*

SADOUL Numa
- Tintin et moi. Entretiens avec He
  n° 529

SAUVERZAC Jean-François de
- Françoise Dolto. Itinéraire d'une psyc
  nalyste. *n° 315*

SCHMITT Carl
- La Notion de politique. Théorie du
  tisan. *n° 259*

SCHUMPETER Joseph Aloïs
- Impérialisme et classes sociales. *n° 14*

SERRES Michel
- Atlas. *n° 340*
- Le Contrat naturel. *n° 241*

Achevé d'imprimer en août 2007
sur les presses de l'imprimerie Maury Eurolivres
45300 Manchecourt

N° d'éditeur : L01EHQNFH0130C003.
Dépôt légal : Septembre 2005.
N° d'impression : 07/07/130996.

Imprimé en France